「芸人の墓場」と言われた事務所から

「お笑い三冠王者」を生んだ

弱者の戦略

平井精一

日本能率協会マネジメントセンター

はじめに

1998年、7年7カ月在籍した渡辺プロダクション（現：ワタナベエンターテインメント）を辞めてソニー・ミュージックアーティスツ（以下、SMA）に転職しました。きっかけは、同年3月にあった飲み会。これに参加しなかったら、SMAに来ることも無かったと思います。

人生の歯車は、なにをきっかけに回り出すか分かりません。

ある夜、翌日の事務所ライブに向けて作業をしていると、「人数が足りないから今から飲み会に来てくれ」といきなり電話がありました。

最初は「準備が終わってないから」と断ったのですが、その飲み会は偶然にも、事務所から徒歩50mの超近場で開催されていました。それなら、と顔を出すと、広告代理店や他事務所のマネージャーなど、同業界のメンバーが集まっていました。

そこで話題になったのが、「なぜこの業界に進んだのか」ということ。

私が「浜田省吾に会いたいから」と答えると、「ＳＭＡが人員募集している」と教えられたのです。芸能界で仕事するなら「7年7カ月お笑いのマネジメントに携わることができたので、次は音楽や俳優などほかの視野へ広げたい」という想《おも》いがありました。


「音楽業界に身を置くなら、自分がマネージメントしたミュージシャンが、何万人もの観客を歌で感動させる姿を見てみたい」

その想いがふくらみ、音楽事務所であるＳＭＡを受けてみることにしたのです。

また、自分が30歳になっていたことも転職を考えた理由の一つです。当時、30歳は転職適齢期。経験を積んだ働き盛りでありながら、給料もまだ上がり切っていない年代でした。

もちろん渡辺プロダクションは歴史と伝統もあり、芸能マネージメントを勉強するには最高の会社であるとの思いはありました。また、入社以来上長だった渡辺ミキ社長（当時は室長／現：ワタナベエンターテインメント代表取締役）にマネージャーのいろはを十二分に教えてもらったことで今の自分があるのは言うまでもありません。一方当時の私は「別の道に行くなら、今がベストのタイミングではないか？」そういう思いになったことも事実です。

そこからは、スムーズに決まっていきました。ＳＭＡから内定をもらったのが7月。ありがたいことに渡辺ミキ社長からは引き留めていただきましたが、正式に11月30日に渡辺プロダクションを退職、翌12月からＳＭＡで働き始めました。

ところが、マネジメントで採用されたのかと思いきや、最初に配属されたのは宣伝部。

特定のアーティストを担当するのではなくＳＭＡに所属するあらゆるタレントの宣伝を担当する部署でした。マネジメントサイドからリリースなどの情報をもらい、各メディアに売り込みをするという仕事です。

どうやら、採用時に見込まれたのは私の〝テレビ局とのパイプ〟だったようです。ＳＭＡはもともと音楽事務所なので、テレビ局に売り込むルートが少なかったのかもしれません。

その点、私は人脈がありました。どこの局にも仲の良い社員がいたので、アーティストをテレビに売り込むことができるのです。そこに、私の宣伝部での存在価値がありました。『ミュージックステーション』（テレビ朝日）や『ＣＯＵＮＴ ＤＯＷＮ ＴＶ』（ＴＢＳ）の現場にレコード会社の社員を連れて行き紹介するなど、それまでの人脈をフルに活《い》かして仕事をしていました。

宣伝部では、改編情報をもとにテレビ局やラジオ局にアーティストを売り出すような地道な業務から、ＰＵＦＦＹの海外公演で取材を仕込むといった一見華やかな仕事まで、様々なことを行いました。

海外の仕事では、トラブルも体験しました。タップダンサー・熊谷和徳《くまがいかずのり》のニューヨーク公演のときです。現地のテレビ局に取材をしてもらえることになったので、私も彼と一緒にニューヨークに飛びました。

が、到着した瞬間、なんと「やっぱり取材ＮＧ」の連絡が。せっかく日本からお金と時間をかけてニューヨークまで行ったのに、いきなりやることが無くなってしまいました。

部長からは「しょうがないから遊んで来い」と言われましたが、なにもせず帰国するわけにはいきません。日本の民放各局の友人をつてに、ニューヨーク支社の番組担当者を紹介して頂き、挨拶へ回ることにしました。その甲斐があり、『めざましテレビ』（フジテレビ）番組内におけるニューヨーク中継などで、東京スカパラダイスオーケストラを含む何組ものアーティストを番組出演へとつなげることができました。それこそ〝転んでもただでは起きぬ〟の精神です。

この時期、特に印象に残っているのが木村カエラです。当時、彼女は10代女性向け雑誌でモデルをしており、同世代からカリスマ的な支持を得ていました。ですが、世間的にはまだまだ無名。

そこで、各テレビ局との関係値を地味に築いていた当時の同僚と一緒に売り込みをしたところ、それが成功し、彼女はテレビ神奈川で『saku saku』という音楽番組のＭＣに抜擢《ばってき》されました。

実は、彼女には昔から「歌手になりたい」という夢がありました。ですが、事務所は「モデルが歌を出しても売れない」という考え。番組内の企画でＣＤを出すチャンスに恵まれましたが、当時の上層部は懐疑的でした。私も「止めるように」と言われましたが、「たとえ失敗したとしても本人がやりたがっているんだから」と進めた結果、大ヒット。とんとん拍子でメジャーデビューが決まり、歌手として成功をおさめました。

今思い返すと、このときの木村カエラには〝風〟が吹いていました。売れていくタレント特有の、すべてのピースがハマっていく感覚をよく覚えています。

その後、マネージメント部門に異動したのですが、私のマネジメントは通用せず、すぐに宣伝に戻ることになりました。

渡辺プロダクション時代の経験があるので「気合でなんとかできるだろう」と思っていましたが、実際はまったく歯が立たないのです。「好きこそものの上手なれ」という言葉は、音楽アーティストのマネジメントに関しては当てはまりません。

このジャンルでマネジメントをする人は、ただ音楽が好きなだけでなく自身も〝セミプロ〟級の人ばかりでした。

私には音楽の素養が無く、同じ土俵にすら立てません。芸人のマネジメント経験や情熱だけで乗り越えられない壁があると学びました。

再び宣伝部に戻り、ＳＭＡ内に「テレビ局とのパイプ」を持ち込み、私は宣伝部で重宝されながら楽しく仕事をしていました。が、４〜５年も経《た》つとそのパイプは錆《さ》びてきます。かつての知り合いたちは出世して番組を外れ、渡辺プロダクション時代の人脈はどんどん消えていきました。

「今まで溜《た》めてきた人脈のマイレージは、すべて使い切ってしまった。なぜ自分はＳＭＡに入ったんだろうか？　その理由は自分で作り上げないといけない……」

そう考えていた頃、ＳＭＡが俳優部門のソニー・ミュージックスターズを合併します。２００２年のことでした。会社が総合芸能事務所になったことをきっかけに、私の次の道が開かれることになりました。

武器だったテレビ局とのパイプがすでに錆びていた状況でこの業界でやっていくためになにが必要か考えたとき、私が思ったのは「あらためてテレビ局との人脈を積み上げる必要がある」ということ。つまり、「またマネジメントをやらなければならない」と思ったのです。

マネジメントをするなら、渡辺プロダクション時代に耕した「お笑い」の畑が良い。総合芸能事務所になったSMAにお笑い部門ができることに、なにも違和感はありません。


この頃、世は『エンタの神様』（日本テレビ）ブーム。波田陽区《はたようく》が人気で、彼がライブをするときの集客力・盛り上がりは一流アーティスト級でした。

私は「波田陽区の再来となるような芸人を作りたい」と思うと同時に、お笑いブームの今こそ「次世代の人材」が集まるタイミングだと考えました。

また、東京のお笑い事務所は比較的にどこも少数精鋭であり、所属芸人を育成していく方向性で進んでいる時代でもありました。事務所に所属できないフリー芸人が、巷《ちまた》には溢《あふ》れていました。

このフリー芸人たちを集めれば、なにかが起きるのではないか？

さらに、渡辺プロダクション時代から懇意にしていたフリー芸人「イヌがニャーと泣いた日」（現在は解散）に「お笑い部門を作ってくれ」と頼まれたことも私を後押ししました。

いくつものピースがはまったこと、さらに当時のＳＭＡ社長が口癖のように「30代は好きなことをやれ」と言っていたことが私を突き動かしました。

このとき、私は36歳。「好きなこと」をやれる30代も後半に突入していました。

今でもよく覚えています。２００４年11月末、フジテレビ２階の控室で当時の上司である、宣伝部長の渡辺洋二さんに直談判しました。「宣伝の仕事は、右手でちゃんとやります。だから、左手でお笑い部門を作らせてください」と。

上司に渡した企画書に込めたのは、「これからのテレビにはお笑いが必要だ」という想い。今でこそ、テレビ番組の司会は芸人が務めることが多いですが、当時は局を辞めたアナウンサーか、弁の立つ俳優が司会をすることがほとんどでした。

バラエティの司会に彼らが進出していた一方、芸人である島田紳助さんがニュース番組の司会を務めるなど、少しずつ流れが変わる予感もありました。

「きっと、芸人がすべての番組を呑み込む時代が来る」

その想いを企画書にまとめ、テレビにおけるお笑いの必要性を説きました。また、いつかすべて自社芸人・タレントが司会をする番組が生まれたら、そのテーマソングにソニーミュージックのアーティストの楽曲を使えるだろうという夢を書いたことも覚えています。

当時、ダウンタウンが司会を務める『HEY!HEY!HEY! MUSIC CHAMP』(フジテレビ)という音楽バラエティが人気でした。この番組のオープニング、あるいはエンディング曲を勝ち取るのはかなり難しいこと。同じ事務所の芸人が司会をしているのなら、容易にタイアップも獲《と》れるだろう……そういう目論見です。

思い返すと、一つでもピースが欠けていたらお笑い部門は生まれていなかったと思います。

1　テレビ局と繋《つな》がっていた人脈が切れた
2　『エンタの神様』ブームで、お笑い芸人を志す人が増えていた
3　東京にフリー芸人が溢れていた
4　芸人の「イヌがニャーと泣いた日」に相談された
5　社長が「30代は好きなことをやれ」と言った

ＳＭＡに転職したときもそうですが、人生が動くときはとんとん拍子に物事が進みます。11月末に直談判し、12月1日には「ＳＭＡ ＮＥＥＴ ＰＲＯＪＥＣＴ」が発足したのです。

このような経緯で生まれたＳＭＡのお笑い部門ですが、できてから19年が立ち、三冠王者が生まれるなど、それなりに結果も出たように思います。この本では、そんなＳＭＡお笑い部門のことや、あまり知られていない芸人のマネージャーについての私なりの考え方を記させていただきました。

働く皆さまや、芸人やお笑いに興味のある方のなんらかの参考になりましたら幸いです。

もくじ

第2章 人を育てるマネージャーという仕事 99

第3章 平井流・逆境を跳ね返す仕事術 145

やす団

AMEMIYA

アキラ100%
ザ・ギース
ハリウッドザコシショウ
マツモトクラブ

第1章

弱者の戦略
～後発でも勝つ方法～

strategies for success

最高の3分ネタと
トーク力があれば
芸能界を生き抜ける

strategies for success

錦鯉

コウメ太夫

やす子

普段から所属芸人に口酸っぱく伝えているのが、「**新ネタを作り続ける**」こと、そして「**トーク力を磨け**」ということ。なぜなら、「誰でも笑える3分ネタとトーク力」があれば、芸人は芸能界を闊歩《かっぽ》できるからです。芥川賞や直木賞を受賞するような作品を書けと言っているわけではありません。３分のネタを書くだけです。

この信念は、ＳＭＡお笑い部門を立ち上げた当初から今に至るまで変わりません。そして、長年の経験に裏打ちされた理論でもあります。ただネタ作りを漠然とさせるだけではなく、芸人に分かりやすい目標を持たせてまい進させるための一言かもしれませんが、人一倍努力と研究を重ねれば楽しい毎日を送ることができるのです。それがお笑いの世界だと思っています。

ＳＭＡでお笑い部門を作ったとき、私は「芸人が新ネタを作り続ける風土を作ろう」と決めました。なぜなら、「芸人がネタを作らなくなるということ＝再起の道が閉ざされること」と考えたからです。

テレビ露出が増えると、多くの芸人はネタを捨ててしまいます。テレビタレントとして生きるようになり、本当の意味での「芸人」ではなくなるのです。

ところが、テレビには流行《はや》り廃りがあります。タレントとしての鮮度が落ちてテレビに出られなくなったとき、ネタが無い芸人が再度這《は》い上がることはなかなかできません。しかし、ネタさえあれば劇場に出られるし、いずれまたテレビのネタ番組で出られるようになります。「芸は身を助ける！」ということです。

とにかく芸人に伝え続けているのは、「何本でもネタを作りなさい、死ぬほど作りなさい」ということ。その中で最高の一本を磨き上げて、練って、いかに良いネタに変えていくかが勝負だと思っています。


『M－1グランプリ（以下、M－1）』で準々決勝まで進出したことがある、「はぐれ超人」の「植田マコト」はこう言っていました。

「SMAに所属してから、楽屋でお笑い以外の話をほぼしなくなりました。新ネタを作り続ける風土があるので、自然とお笑いの話題になるのです。そして誰かがネタをやれば誰かが必ず見てくれるので、お笑いに集中できる環境があります。

若い頃は、コンパがどう、ギャンブルがどう……と、お笑いに関係ない話ばかり。若い頃からやっていればなぁ、と思うこともあります。

私は、芸人になって20年以上になります。この芸歴でコンテストに挑み続ける芸人は、実はあまり多くありません。売れないまま芸歴を重ねると、舞台に立てる数が減ってしまうからです。

でも、ＳＭＡは打てなくてもずっと打席には立たせてくれます。２軍でも、３軍でも、ずっとお笑いができる。平井さんは、ライブでウケようが滑ろうが、どっちでも良いのだと思います。そんなことより『世に出るネタを作らせる』ことが目標なのでしょう。

ほかの事務所だと、ウケるネタを作れないとクビになることもあると聞きます。でもＳＭＡでは絶対そんなことはありません。重視されるのは、『頑張っているか』ということ。お笑いにおいて、正しい努力をさせてくれるのです。そんな環境でずっと戦い続けているからか、ＳＭＡの芸人は見た目があまり老けません」

バイきんぐが、ネタを作り続けているなかでボケとツッコミを入れ替えたことで今の形ができ、『キングオブコント（以下、ＫＯＣ）』優勝につながったのは間違いないと思います。また、だーりんずとロビンフットも10年以上前から新ネタライブを定期的に行っていたため、『ＫＯＣ』決勝進出にもつながったのでしょう。別の事務所ですが、最近だと吉本興業の「もう中学生」が良い例ではないでしょうか。

長年芸を磨き続けていたからこそ、彼は再ブレイクを果たすことができました。ネタを作り続ける芸人は、チャンスがあったときに見逃さず、必ず掴《つか》むことができる。その良い例だと思います。

芸人に限らず、多くの人間は目先の利益や欲望で動いてしまいます。苦労してネタを作るより、テレビでちやほやされるほうが楽しいのは間違いありません。

でも、それは芸人としての寿命を縮めることにほかなりません。

『ＫＯＣ』で優勝し芸人としてもタレントとしても確固たる地位を築いたバイきんぐですら、今も年１回単独ライブを開催しています。あんなに忙しい小峠がネタを作り続ける理由の一つは、「テレビに呼ばれなくなっても、ネタがあれば復活できる」「芸人はネタを作らなくなっては芸人ではなくなる」ことを理解しているからです。

公務員兼芸人で『エンタの神様』にも出演経験がある「Ｊａａたけや」は、「ＳＭＡに所属する前、1年くらいフリーで活動していた時期があります。その頃は誰にもなにも言われないので、新ネタを作る頻度は3カ月に1本程度。完全にサボっていました。でもＳＭＡに所属してからは、月2本新ネタを作らなければなりません。単純に計算して、ネタを作る本数は6倍。この環境で、すごい勢いで進歩することができました」と言っています。

また、『ＫＯＣ』準決勝に2度進出したことのある「がっつきたいか」の「くらっちゃん」も、「新ネタを作り続けていると、アイデアが枯渇してなにも出て来なくなるときがあります。なので自然と、小さな出来事でも広げられることは無いかとアンテナを普段から立てるようになります。新ネタを作る習慣があることで小さなことでもメモを取る習慣ができ、アイデアを『広げる』という考え方に変わりました」と言っています。

ネタ作りは、芸人の実力を鍛えることだということを、私は信じています。

一方で、トーク力を付けるためには、「**一言一句面白い話をメモれ**」と伝えています。メモを取った話を暗記して話せるようになれば、それはもう自分のもの。ライブの中MCや楽屋や飲み会など、面白い話を聞いたらすべてメモを取るように伝えています。

芸人の場合は、たとえほかの人の話でも、「先輩の話ですけど」と枕詞《まくらことば》を付ければ自分の話として使えます。そう思えば、トーク力を磨くことは難しい話ではありません。気持ちの持ちようと、「売れるためになにをするか」という普段からの意識の違いです。

SMAでは、「だーりんず」の「小田」、「ロビンフット」の「マー坊」、「がっつきたいか」の「くらっちゃん」、「TOKYO COOL」の「前すすむ」、「万福」の「トントン」などは、ベテランということもあり、トークに安定感があります。

『有田ジェネレーション』（TBS）出演をきっかけに注目され、2020年の『R-1ぐらんぷり（以下、R-1）』で決勝に進出した「SAKURAI」もこう言っていました。

「ＳＭＡでは、新ネタのほかにトークも作る必要があります。新ネタに加え、1分でオチがつくトークを作るのはだいぶ苦しいです。でも苦しみながらも、着実にトークは増えていきます。ライブで披露しなければならないので、1年で最低でも10本以上はトークができます。このかいあって、ほかの現場でいきなりトークを振られてもしっかり喋《しゃべ》れるようになりました。しかも3分のトークだと使われないけど、1分だと使ってもらえる確率が上がるのです。ネタだけでなくトークも考えるというＳＭＡのやり方は、正解だと思います」

常々芸人に伝えているのは、私たちがやっているのは「お笑いごっこやサークル活動」ではないということ。売れたいならせめて意識だけでも一流を目指さないといけない。その意識付けをするのが、我々マネジメント側の人間です。ネタを作り、トークを磨けば結果は自ずとついてきます。

BeachVは準備・披露・反省の場

strategies for success

錦鯉

コウメ太夫

やす子

２００７年、豊島区要町に「千川ＢｅａｃｈＶ（以下、ＢｅａｃｈＶ〈びーちぶ〉）」というライブハウスが誕生しました。都心から少々離れた東京メトロ千川駅に近い、50席ほどの小さなライブハウスです。

このＢｅａｃｈＶ、当初は稽古場になる予定でした。

ＳＭＡお笑い部門のスタンスは「**来るもの拒まず**」。少数精鋭の他事務所に芸人の数の多さで対抗しようと、どんどん人を増やしていきました。最初は事務所の会議室を借りてネタ見せをしていましたが、いろんな芸人がいるのでトラブルが起きます。借りた社内のペンを持ち帰ってしまうような、小さな問題がたくさん起きました。

そこで、コウメ太夫やヒライケンジ（現：合格クン）などヒット芸人が生まれたこともあり、「そろそろ稽古場を作ろうか」という話が出てきました。

でも、ふと思ったのです。当時のコウメ太夫らが出演していた『エンタの神様』が終わったら、そのままテレビ露出自体が無くなってしまうのではないかと。収入が止まった場合、仮にライブハウスの家賃が月50万円だとしたら、年間で６００万円の赤字を垂れ流すことになります。

せっかく軌道に乗り始めたのだから、赤字を出すことは避けたい。

そこで、お金を生み出せる可能性のあるライブハウスを作ることにしました。土日は事務所ライブを開催してお客さんからチケット代をいただく。平日は芸人に安く貸し出せば、家賃分くらいはペイできるのでは？　そう考えたのです。

どこの事務所も「ライブハウスが欲しい」と思ってはいるでしょうが、なかなか踏み出すことはできません。

この点、SMAが先行投資に理解のある会社だったことが、良いほうに転びました。ミュージシャンを売り出すとき、最初に大事になるのが宣伝費です。まずたくさんの人に知ってもらうことが大切で、元を取るのはその後……そういう感覚を持つ会社だったからこそ、私たちも場所作りに先行投資ができました。

BeachVは「**芸人の個性を引っ張り出し、自分では気付かなかった魅力を再確認**」する場であることを大切にしています。そのために、事務所ライブでは必ず「新ネタ」を披露してもらいます。

また、事務所ライブで新ネタを出す前に必ず「ネタ見せ」をして、作家やほかの芸人に意見をもらうようにしています。

芸人は表現者であるが故に、自分がやりたいだけのネタを作ることがあります。好き勝手にネタを作っても、お客さんには伝わりません。そうではなく、芸人がネタを準備・披露・反省ができる仕組みを作ったのです。

芸人同士でダメ出しをする文化については、2022年の『KOC』で3位だった「や団」の「本間キッド」が次のように言っていました。

「SMAのダメ出し文化を作ったのは、ピン芸人の『野田ちゃん』さんです。野田さんいわく『芸人にダメ出しをお願いすると芸人の習性的に、面白くないと思われたくないので、良い答えをくれる』そう。この野田さんの気付きが、SMAのダメ出し文化に繋がっている気がします」

また、ピン芸人の「ホットパンツしおり」も次のように言っています。

「SMAには、先輩後輩関係なくダメ出しをし合う文化があります。ほかの事務所にいたときは、先輩にネタの感想を求められてダメ出しをすると、怒られました。先輩は、褒めるだけの感想が欲しかったみたいです。SMAは、先輩だとしてもダメ出しを受け入れてくれるのが良いところだと思います」

ＢｅａｃｈＶは、新ネタを生み出すチャレンジの場所。ネタを育てる作業は、外のライブでやってくれ。芸人にはそう伝え続けています。ＢｅａｃｈＶは、ネタを磨くのではなく「芸の幅を広げる」ための場所なのです。

また、「同じことをやり続けるな」ということも伝えています。具体的には「同じことをやったら、もう次は出さんぞ！」と言っています。そのため、例えば、漫才をやっているコンビがコントをやってみる、ボケとツッコミを逆にしてみる、女装をしてみる、などの工夫が生まれます。

ちなみに、90年代後半は『爆笑オンエアバトル』（ＮＨＫ）、『エンタの神様』、『爆笑レッドカーペット』（フジテレビ）などのヒット番組に出演すれば、人生が変わるチャンスがありました。ならば、ネタ作りもヒット番組に当てはめるネタ作りを目指さないと、芸人としての成功の道を進むことができないと思っています。

これでうまくいったのが、バイきんぐです。今では小峠がツッコミ・西村がボケという構図がお馴染《なじ》みですが、元々は役割が逆でした。

芸人は、第三者に「面白い」と思ってもらえるかどうかが大切な世界です。自分たちだけの狭い世界でネタを作るのではなく、第三者の意見を反映し、変えていくことがブレイクへの近道です。

テレビでネタがウケたとしても、流行り廃りがあります。同じ切り口でネタをやり続けても、いつしか飽きられてしまうものです。

同じことばかりやっていたら、ネタの流行が過ぎたときに芸人もろともテレビから消えることになります。５年後、10年後にも残り続けるために、新ネタを作りチャレンジし続ける必要があるのです。

安価で気兼ねなく使える常設のライブハウスがあることは芸人には大きなメリットがあります。

ピン芸人の「ジャック豆山」は次のように言っています。

「私は今46歳で、まったく売れていません。でも、芸人を続けられています。なぜなら、ＢｅａｃｈＶという小屋があるから。ここでは、ＳＭＡの芸人であれば誰でも主催ライブを開くことができるのです。

ＢｅａｃｈＶでは、芸人同士でネタのダメ出しをし合うのはもちろん、別劇場でも、同じライブに出演しているとＳＭＡ芸人同士でダメ出しをし合います。こういう雰囲気は、ほかの事務所には無いと思います。

同じ事務所に所属していても、芸人はライバル同士。ダメ出しは『敵に塩を送る』ことになるので、あまり積極的にやらないと聞きます。所属芸人同士でネタの話をこんなにする事務所は、ほかに無いと思います」

同じく「ＳＡＫＵＲＡＩ」もこう言います。

「ライブが行われていない昼間の時間帯も、芸人はＢｅａｃｈＶに集まります。単独ライブに向けた準備をしたり、ネタ合わせをしたりできるからです。誰かがいれば、ネタを見せ合ってダメ出しをし合います。

ライブがある時間帯にＢｅａｃｈＶにいると、出演者ではなくても『お前も出る？』と急遽《きゅうきょ》出演させてもらえることもあります。流れでついでにライブに出られるのは、他事務所ではあまり無いことなのではないでしょうか」

「来るもの拒まず」のＳＭＡお笑い部門ですが、だからと言って甘い事務所ではありません。去るもの追わずというスタンスなので、辞めていく芸人を引き留めることもしません。犯罪以外はなにをしてもクビにしませんし、なによりも情熱を重視します。ですが、いくら言っても新ネタを作らない芸人は残しません。

常に新ネタを作り続け、新しいことにチャレンジし、第三者の意見を受け入れて変わっていく。それをできる芸人だけが、売れると感じています。

「三冠」はあとから付いてきた栄光

strategies for success

錦鯉
コウメ太夫
やす子

錦鯉が2021年の『M-1』で優勝して、SMAは「吉本以外で初めて三冠（M-1、KOC、R-1）を獲った事務所」と称賛されることが増えました。

2012年の『KOC』でバイきんぐが優勝。『R-1』では、2016年にハリウッドザコシショウ、2017年にアキラ100％が優勝しました。最近では、優勝こそ逃したものの、2022年の『KOC』でや団が3位になりました。

「芸人の墓場とまで言われたSMAが、すごい成果を出した」と言われるのですが、これまで三冠獲得を意識したことはありません。

三冠を獲れたこと自体は、もちろん嬉《うれ》しいです。しかし、私にとっては三冠を獲ることより「一人でも多く売れる芸人を出す」ことのほうが重要な課題です。

60歳で定年退職すると仮定すれば、私がSMAにいられるのはあと5年ほど。2004年末にSMAお笑い部門を立ち上げたので、約24年、SMAの芸人と歩むことになります。

「同じ釜の飯を食った仲間」とでも言うのでしょうか。泥水をすすりながらライブに出続ける姿を近くで見ているからこそ、そのうちの一人でも多くの芸人に売れてほしい。三冠という栄光は、目指して摑み取ったものではなく、あとから付いてきたものなのです。

「三冠を獲りたい」という型にハマってしまうと、それ以上の結果を出すことはできません。

頑張ってやり続ければ、結果が出たときにまわりが評価してくれる。そういうスタンスでいるほうが、最終的に良い結果に繫がると感じています。

芸人にも同じことが言えます。

よく、芸人から「キャラを付けたほうが良いですか」「どういう漫才をやったらいいですか」と聞かれます。でも、そうやって「売れるための型」にハマろうとする芸人は、売れないと私は考えています。

「最初から型にハメようとするのではなく、まずは好きなこと、自分が面白いと思うことをしてみようよ」と私は言います。くわえて「それに対して意見をもらって変えていくほうが、ストレスなくうまくいくよ」と言うようにしています。

スタイルを変えない芸人というと、ＳＭＡではハリウッドザコシショウでしょう。他にはマツモトクラブのスタイルも唯一無二の存在で、自分が面白いと思っているタイプです。

個性的な芸名や衣装は、もちろんそれ自体を否定するものではありませんが（実際、ＳＭＡでもたくさんいます）、狙って付けた場合には、最初は良いかもしれませんが、後々自分の首を絞めることになるし、いろんなネタができなくなってしまうのです。

自分を型にはめることなくただ愚直に、実力を確実に付けていくこと。お笑いでもそれが成功の秘訣《ひけつ》だと私は思います。

組織全体で芸人を育てる

strategies for success

コウメ太夫

錦鯉

やす子

人事に「平等」はありません。いくら平等にしようと思っていても好き嫌いで物事が動いてしまうものです。大学や出身地が一緒とか、仲が良いから、とか。でも、その中でもいかに忖度《そんたく》せず、えこひいきをせず動けるかが大事です。

私は、SMAのマネージャーにも**「芸人は限りなく平等に判断するように」**と言っています。

一番分かりやすいのが「オーディション」です。

マネージャーも人間ですから、放っておくと自分が気に入っている芸人ばかりを推薦してしまいます。でも、オーディションの趣旨に合っていなければ芸人が受かることはありません。

SMAでは、「オーディションに芸人が受かるかどうか」をマネージャーの評価基準として大事にしています。オーディションに通らなかったらマネージャーの責任。「なにを見てマネジメントをしているんだ」となります。

逆に、オーディションに通ったらマネージャーの功績。「良いマネジメントをしている」ということになります。

同様に、芸人を闇雲にオーディションに送り込むこともしません。

例えば、ＳＭＡの推薦枠が10枠あったとしても、趣旨に合わない場合は無理やりその枠を埋めることはしません。相手に不完全なものを見せて印象が悪くなるより、期待できる数名を送り込んだほうが「ＳＭＡは面白い」というイメージを残すことができると考えているからです。

『おもしろ荘』（日本テレビ）でブレイクした、「野田ちゃん」も次のように言っていました。

「オーディションに落ちると、芸人はへこみます。でも、平井さんは『オーディションには、受かると思った芸人を選んで行かせている。だから、落ちたら俺のせいだから』と言います。すごくかっこいい考え方です。

以前、『おもしろ荘』という新人発掘番組に出演したことがあります。

当時私は45歳。正直『受かるわけない』と思っていました。でも、受かって出演することができたのです。平井さんの見立てが合っていたのでしょう。45歳で新人発掘番組なんて、ほかの事務所だったらオーディションにすら行けないと思います」

ＳＭＡでは、マネージャー間の情報共有を頻繁に行っています。自分が担当する芸人だけにオーディションの情報をまわすのではなく、組織全体として「このオーディションに合う芸人」を考えています。

芸人に忖度をしてオーディションに送り込んで失敗することは、チャンスを一つ失うのと同じと考えています。

マネージャーは「自分がヒットを生む」のではなく、「組織として次のヒットを生む」ことを重要視することが、平等な評価への一歩だと思っています。

芸人がスタッフの顔色に気を使うのではなく、ネタ作りのみに集中させる環境作りに気を付けています。

芸人は、思いもよらないキャラクターで売れることがある

strategies for success

錦鯉

コウメ太夫

やす子

「餅は餅屋」という言葉があります。

餅屋が作った餅が美味《うま》いように、その道の専門家や得意な人がやったほうがなんでも良いものができあがる、という意味です。

芸人にも一人ひとり個性があって、もちろん得意・不得意もそれぞれ。**得意なことを伸ばすマネジメントをすることが、彼らの活躍に繋がります。**


例えば、ＡＭＥＭＩＹＡは少々トークが苦手のような気がします。でも、パフォーマンスは一級品で、営業での盛り上げはピカイチ。一方、バイきんぐの小峠は、トークがうまいので、ＭＣが向いている。相方の西村はトークができるわけではないけど、凝り性で「キャンプ芸人」として花開きました。

また、錦鯉の長谷川はなにをしてもちょっとズレているけどそれが面白くて、ひな壇に向いています。同じアパートに住む仲間に「トークがうまくいかない」と相談していたそうですが、彼の魅力はその「うまくいかなさ」です。自分では悩むかもしれませんが、そのズレがまさしく面白い。

芸人の数だけ、得意分野が違うのです。得意分野は、視聴者や制作陣に「求められていること」とも言い換えられるでしょう。

しかし、誰もが自分の得意分野を正しく理解しているわけではありません。また、得意なことが「やりたいこと」とイコールではないこともよくあります。自分はなにができて、なにができないのか……自分を理解して自己プロデュースをすることが大切ですし、マネージャーがきちんと芸人を知って道を示すことが大切です。

また、芸人という仕事の魅力は、不得意なことが笑いに変わる可能性があるということです。不得意なことにチャレンジし失敗しながらも頑張っている様子がウケたりもする。これは、一般企業にはないあり方なのではないでしょうか?

マネージャーがやるべきことは、俯瞰《ふかん》で芸人を見て、ハマる場所を探すこと。芸人は、なにがハマるか分からない世界だからこそ、自分で自分のキャラを決めつけてはいけません。

芸能界は、一度売れたらあとは良き場所に導かれる世界です。無理してキャラを演じるのではなく、まわりにキャラを見つけてもらえれば良いと思います。

自衛隊芸人のやす子は「素で生きていたらまわりがキャラを付けてくれた」良い例かもしれません。

彼女はとても不器用で、天然で、人と違った感性を持っています。

用意したフリップのサイズが全部違っていたり、フリップに書く文字の大きさがバラバラだったり。出る杭《くい》は打たれるという言葉がありますが、やす子を見ていると、芸能界は「出すぎた杭は打たれない」のだなと感じます。

おそらく、やす子は一般企業で働くことは難しいでしょう。でも芸能界は、そういう子が生き残れる面白い世界です。

２０２１年、ネタ番組に出演したやす子がセリフを飛ばし泣いてしまうということがありました。マネージャーから報告され「どうしよう、そんなの放送できないじゃないか」と一瞬焦りました。でも実際の現場は大爆笑で「ほのぼのした」とマネージャーは言うのです。

放送を観《み》ると本当にそうで、驚きました。私自身、その年で一番笑ったかもしれません。普通、芸人がネタを飛ばして泣いてしまうなんてことがあったら、痛々しくて見てられないと思うのです。それがやす子になると、不思議と面白くなる。これこそ、彼女の才能だと思います。

芸人を頑張った先に「やりたいこと」が実現できることもあります。ネプチューンの原田泰造君は「芸人で成功してテレビに出たい」とよく言っていました。だからまずは「芸人で成功するのだ」と言うのです。売れる芸人はこういう感覚を持っているのだな、と感じたことを覚えています。

芸人全員に伝えているのが、「一度名前が売れたらなんでもできるから」ということ。まっすぐ目指したら叶《かな》わない夢も、芸人を経由すれば叶うかもしれません。役者もそうだし、CDデビューもそうです。

仮に、原田君が芸人として売れる前から仕事を選んでいたら、今のような活躍はあったでしょうか?

やりたいことだけを追うのではなく、売れるまでは我慢も必要です。求められることに応え、経験を積み、広い視野を持ち、チャレンジした末に夢が叶うのだと思います。

ライブは育成の場

strategies for success

コウメ太夫

錦鯉

やす子

ＳＭＡは、立ち上げ当時から事務所ライブをランク制にしています。他事務所でも同じようなシステムでライブを行っているところは多いですが、システムの見た目は同じでも、やっている内容は異なります。

事務所によっては、メディアで売れている芸人を上のランクに入れる傾向がありますが、そういう芸人はネタを磨く暇がないので、正直、質の良いネタを披露することはできません。それでも人気があるしお客さんを呼べるので、上ランクのライブに出演させるのです。

これは、芸人にとっても良くないこと。完成度の低いネタでもウケてしまうので、「これで良いんだ」と思い込んでしまう。長期的に見て、ネタの質を落とすことに繋がります。

一方、ＳＭＡのランク制は、完全に「お客さんが決める」もの。どんなに知名度が無くても、お客さんの投票で「面白い」と判定されるのであれば、上ランクのライブに出演できます。逆に、テレビで活躍する芸人だったとしても、お客さんが「面白い」と認めないのであれば、出演ライブのランクは下がります。

ちなみに、ＳＭＡでは賞レース決勝進出者（や団、だーりんず、マツモトクラブ、など）でも、優勝していない芸人はいまだに事務所ライブに出続けています（優勝した芸人は事務所ライブは卒業しています）。

ＳＭＡは、ライブを「興行」と捉えていません。

ライブは「育成」の場です。目の前の会場費にとらわれるとどうしてもチケット代で利益を出さないといけない（知名度のある芸人を出さないといけない）ことになりますが、「育成の場」と捉えれば売り上げを度外視できます。いずれ売れたときに、還元してもらえれば良いのです。

会社はチケット代と売り上げを求めがちですが、売り上げを追求するが故にネタは二の次となって、芸人を甘やかすことになります。そうなれば、後々、芸人及び事務所の成長の妨げになる恐れがあるのです。

生き残っている芸人はコミュニケーション能力がある

strategies for success

錦鯉

コウメ太夫

やす子

芸能界で生き残るためには、大きく分けて二つの道があるのではないかと思います。

一つは、先輩や同僚に可愛《かわい》がられること。もう一つは、結果を出して実力を見せること、です。

芸能界は人と人の繋がりが大切な世界なので、上下関係や礼儀はきっちりしないとやっていけません。ですが、それ以上に実力がモノを言う世界。芸歴だけ長くて実力が伴っていない人は、どんどん肩身が狭くなっていきます。

ＳＭＡは比較的上下関係のしっかりした事務所だと思います。でも正直私は、この状態はあまり良くないと思っています。才能が無い、売れていない芸人が、芸歴が長いだけで偉そうにしていることがあるからです。

もっと実力主義にしても良いのでは、と悩むこともあります。

意外に思われるかもしれませんが、芸能界は、良くも悪くも「いきなり売れる」ということがあまりありません。特に芸人は、ある日無名の芸人が賞レースで優勝して翌日からテレビで見ない日がなくなることから、突然売れる印象があるかもしれませんが、活躍し続けるという点で言うとそこまで甘くありません。それまでの努力も必要ですし、賞レースで優勝（活躍）したからといって、その後の活躍が保証されるとは限りません。

まずは舞台でネタを磨き、賞レースで結果を残し、ひな壇を経験し、次にＭＣ……と上っていきます。

昨日まで舞台に出ていた芸人が、いきなりテレビでＭＣを担当することはありません。段階を踏んで売れていくので、その過程で上下関係を学び、礼儀を身に付けていくものです。

芸人は変な人が多い印象があるかもしれませんが、意外なほどまともな人ばかりです。特に生き残っている人は人間力に長《た》けた人ばかりだと思います。芸能界には「余人をもって代えがたい存在などはいない」と思ってください。

いくらでも代わりのいる世界。自分のポジションを守るためには、いくら芸人であってもコミュニケーション能力が必要なのです。

SMAはなぜ「おじさん軍団」と呼ばれるのか

strategies for success

ＳＭＡは、当初年齢制限がありませんでした（今は設けています）。そのことから他事務所からはみ出した芸人が多く、「おじさん軍団」と呼ばれています。

「がっつきたいか」の「くらっちゃん」はこう言っています。

「私は、今41歳です。39歳のとき、芸人を続けるか悩んでいました。この年代で売れていないと、辞めてしまう芸人もまわりには多かったからです。そこで、ＳＭＡの先輩芸人に『来年40歳になるが、続けても良いか』と相談してみました。すると、先輩から返ってきたのは『39？　なんでもできるやん！』という言葉。ふと見渡すと、ＳＭＡには40歳超えの芸人がたくさんいます。心のモヤモヤが晴れて、『年齢は記号だな』と思うことができました」

また、『Ｒ－1』決勝に6度進出した「マツモトクラブ」はこう言っています。

「私がＳＭＡに入ったのは、35歳のときでした。新人とは言え35歳ですから、自分より年下の先輩がたくさんいるんだろうなと思っていました。でも実際は、ＳＭＡにいたのは〝ちゃんと年上〟の先輩ばかり。『35歳の新人』として、普通に接することができました。

SMAに入る前、私は劇団に所属していました。私自身お芝居では芽を出すことができませんでしたし、SMAの先輩芸人もほかの事務所では結果を出せなかった、いわば『傷を負ったおじさん』たち。似た者同士が集まる場所なので、すごく過ごしやすいのです。

もしほかの事務所に入っていたら、こんなに自由にできなかったと思います。傷を負ったおじさんたちが優しく接してくれたので、今の私がいると思います」


また、『エンタの神様』に出演経験のある「しゃばぞう」もこう言います。

「SMAに来る前、ほかの事務所に15年ほど所属していました。

当時、外から見たSMAの印象は〝ヤバい〟事務所。芸人たちと、『あそこに行ったらおしまいだ』と話していたのを覚えています。なぜなら、どこの事務所にも入れなかった人が入るのがSMAだと言われていたから。芸人の最終地点のような見方をされていたのです。

でも、実際は違いました。SMAに入ることは、『おしまい』ではありません。

ＳＭＡの門を叩《たた》いたとき、私はすでに41歳。この年では、ほかの事務所には入れません。でもＳＭＡはあたたかく迎えてくれました。

面接で平井さんに言われた言葉は、いまだに覚えています。それは『あぁ、来たか。泥水すすってきたんだな』という言葉。ここで初めて、自分が泥水すすってきたことに気付きました。

ＳＭＡに入ったことで、ネタをたくさん作るようになりました。毎月事務所ライブがあって、投票結果しだいでは降格することもあり得ます。それもあって、ネタを頑張るようになりました

今、私は48歳。おそらく、まわりの同世代芸人で一番ライブに出ていると思います」

売れないまま芸歴を重ねると、20歳も年の離れた芸人と同じ舞台で戦うことになります。ですが、ネタが面白ければ若手からも尊敬される芸人となります。芸人の墓場とも言われてきたＳＭＡですが、やる気を失くさず努力を怠らない芸人たちにとっての最後の希望としてあり続けたいと思っています。

賞レースの裏話

strategies for success

錦鯉

コウメ太夫

やす子

２０１２年、バイきんぐが『ＫＯＣ』で優勝したときは、下馬評で「優勝はバイきんぐではないか」と噂《うわさ》が立っていました。失敗さえしなければ、自《おの》ずと結果はついてくるだろうという状況です。

でも、こういうときこそ失敗するのが人間。優勝を望んで力みすぎると、ミスが起きます。ピン芸は一人なのでミスを自分でカバーして正解に見せることができますし、漫才もアドリブでリカバリーすることができます。でもコントだと、セリフがずれると明らかに成り立たなくなってしまう。ミスは、優勝を逃すことに直結します。

なので、このとき私は「優勝しよう」というプレッシャーは絶対にかけないようにしました。「『ＫＯＣ』以外にも『爆笑オンエアバトル』などチャンスはたくさんあるから、好きなようにやれ」と伝えたのを覚えています。

『ＫＯＣ』をきっかけに、コントのセリフである「なんて日だ！」がブームになりました。まさかこのワードがここまでブームになるとは、本人たちも私もまったく予想していませんでした。

このとき思ったのは、ブームを狙って言葉を作っても思い通りにはならない、ということ。それよりも、一生懸命ネタをすればあとから世の中が付いてくるのだと思いました。話題性は狙うものではなく、あとから生まれるもの。だからこそ、とにかくいろんなネタに挑戦することが重要なのです。

似たような話で、錦鯉の優勝後、オチの台詞の「ライフイズビューティフル」が話題になりました。もちろん、これも狙ったものではありません。

決勝直前にネタ見せをした際に出た、「ネタの最後にひとこと欲しい」という意見が元になっています。小峠が冗談で言った「ライフイズビューティフル」が採用され、それが見事パワーワードに成長したのです。

バイきんぐが『KOC』で優勝した4年後、2016年にハリウッドザコシショウが『R-1』のファイナリストになりました。このとき、彼の精神面が気になっていたので私も現場に行きました。

人生の重大な局面を迎えてだいぶ緊張しているのを感じていたので、楽しくネタをやって本来の力を出せる環境を作りたいと思ったのです。

私も、長年一緒に泥水をすすってきたザコシショウには成功してほしい。バイきんぐに先を越されて悔しさやプレッシャーもあるだろうし、なんとか優勝させたい……そう本気で思っていたので、いつも通りの力を出せるよう「優勝できなくても、絶対にテレビの仕事で飯食えるようになる。どうにかなる」という精神状態に持っていきたかったのです。

どうやって「通常感」を出そうかという思いで、バカ話をしていたのを覚えています。

ザコシショウが優勝したときは、ものすごく嬉しかったです。

このとき、とても印象に残っていることがあります。

エハラマサヒロさんに「たぶんザコシさんが優勝しますよ」と言われたのです。エハラさんいわく、「ザコシさんに風が吹いている」と。何度も決勝に残る中で身に付けた感覚なのだと思います。

翌年アキラ１００％が決勝に残ったときは、「どうアキラに風を吹かすか」を意識しました。風を吹かすためにどうするか、だいぶ考えました。

アキラのときは、ザコシショウやバイきんぐの場合とは少し異なり、明確に「優勝を狙いに行く」戦略を立てました。決勝進出が決まった日の帰り、タクシーでずっとネタの相談をしたことを覚えています。

『R-1』決勝は、最初にブロックごとの対決があります。そこで1位になると最終決戦に出ることができるという流れです。

アキラの裸芸は賛否両論。仮に審査員やお客さんが拒否反応を示したら、ブロックを突破することはできません。逆に、ブロックを突破できれば「優勝」だと確信していました。

彼に関しては、2位や3位という中途半端な結果はありません。本人には言っていませんでしたが、アキラに関しては「最下位か優勝」この二択しかないと思っていたのです。

他事務所のマネージャーとの関係

strategies for success

コウメ太夫
錦鯉
やす子

今、現場に出ている世代はどうか分かりませんが、昔はマネージャー同士の仲が良く、現場で会うとよく無駄話をしていました。収録後に飲みに行くようなことも多く、仲良くなりやすい雰囲気があったと思います。

当時は事務所にかかわらずマネージャー同士の「助け合い」精神があり、よく情報交換をしていました。

芸人の場合、番組に起用されるかどうかは何よりも「本人の技量」に左右されます。

事務所のパワーバランスは二の次で、最終的に選ばれるのは番組にマッチする人材。「情報を独り占めして出し抜こう」と思ったとしても自事務所の芸人がキャスティングされるとは限らないので、持ちつ持たれつで情報を共有していました。

SMAでは、コウメ大夫の独特のキャラによる需要や、キャプテン渡辺のギャンブル関係（とくに競馬）などは、事務所に関係ない本人の技量によるものだと思います。

業界によってはあり得ないかもしれませんが、この情報共有によりSMAの芸人が出演したケースは何度もあります。まさに持ちつ持たれつなのです。

渡辺プロダクション退社後6年お笑いのマネージメントから離れていたため、お笑い部門を立ち上げるにあたり90年代にお付き合いのあったたくさんのマネージャーさんたちに連絡をさせて頂きました。現在のお笑い番組の担当窓口の連絡先を教えてもらったり、事務所ライブを見学させていただいたりと、浦島太郎状態だった私をみなさんが助けてくれたことに関しては感謝しかありません。

また、ライブの運営や育成などは現場の声を聞くことが最高の勉強の場と思っておりました。手探りで始めてみるより即戦力の芸人でライブを行っている各事務所の育成方法を実際に拝見、良い部分を参考にさせていただいたことが今のSMAを作っていると思います。

テレビ番組の傾向と対策

strategies for success

コウメ太夫

錦鯉

やす子

テレビ番組にも傾向と対策があります。番組ごとに求められることが異なり、それによりどんな準備をするかも変わります。

よく芸人に伝えているのが、「**番組を観て分析するように**」ということ。オーディションに挑むにしろ、出演するにしろ、番組を事前に観て傾向と対策を掴むことが大切です。

最近の番組は、MCに「出演する芸人みんなを面白くしたい」という意識があることが多いです。昔は「嫌いだから話を振らない」などMCの好き嫌いで左右されてしまうことがあったように思いますが、今は出演者に均等に振ってくれるMCが増えました。

つまり、収録に行けば必ずチャンスが訪れるのです。どういうタイミングで、どういうふうにMCからパスを回されるのかは本番にならないと分かりません。そのパスに対してどう反応できるかが、次のチャンスに繋がるかどうかを決めるのです。

だからこそ、番組の予習をし、傾向と対策を摑んでおくことが重要です。どれだけテレビを観て、どう準備をするのか。そしてどう披露し、どう反省して次に繋げるか。初出演の番組だとしても、まったく観たことの無い状態で挑むのでは話になりません。

ＳＭＡにお笑い部門ができたばかりの頃、事務所の弱点は「先輩芸人がいないこと」でした。各番組とのパイプが無いので、すべてが手探り。売れている先輩芸人がいればバーター的に芸人を仕込むことができましたが、しばらくはそんなことはできませんでした。

しかし、今のＳＭＡにはバイきんぐがいます。彼らが各番組でしっかり実績を残しパイプを作っているので、今や出られない番組は無いと思っています。お笑いの事務所としては、ある程度成長したと思います。

言い換えれば、これからは事務所の弱さを言い訳にできなくなるでしょう。だからこそ、芸人それぞれの努力がより一層必要になります。番組をしっかり観て分析し、傾向と対策を摑むことは全員にできる努力です。

芸能界は、人間関係で動く世界です。そんな世界をよく理解しているのが、バイきんぐの小峠です。

『KOC』で優勝したあと、小峠は私に言いました。

「これから1年、飲みに誘われたら絶対に断らないで行こうと思います」

どれだけ疲れていても、夜中でも、「今から来れないか」と言われたら絶対に行くと言うのです。

私は、これが「正解」だと思います。

芸人のチームワーク

strategies for success

コウメ太夫

錦鯉

やす子

ＳＭＡには、他事務所にはあまり無い伝統があります。それは「芸人たちが協力してネタを作る」ということ。同じ目標に向かう仲間同士、アイデアを出し合い、より良い一本を作り上げていくという伝統があります。

芸人たちには、よく「サザンオールスターズを見ろ」という話をします。

どんなに売れたバンドでも、数年すると第一線を退いてしまいます。なぜなら、音楽を作る脳が一つしかないから。

対してサザンは、桑田佳祐・原由子を主体とし、メンバー全員が楽曲制作を行っています。サザンがずっと第一線で活躍を続けているのは、ブレインが二人だけではないからです。

芸人も同じで、複数の脳でアイデアを出してネタを作ったほうが、人に受け入れられる面白いものが作れるのです。

芸人たちには、お互いダメ出しをし合い高め合えるようなライバル関係を築いてほしいと思います。ただ、「よき好敵手であり、友人や親友ではない」という線引きは持ってほしい。慣れ合いになると、傷を舐《な》め合う関係になってしまいますから。

SMAには200人以上の芸人がいます。200人の脳が集まれば、毎年賞レースでチャンピオンを出すくらいの良いネタができるのではないでしょうか。

以前、「野田ちゃん」がこんなことを言っていました。

「SMAは芸人同士の仲が良く、『喧嘩《けんか》をしない』社風があります。以前、芸人同士が喧嘩をしていたことがあります。だーりんずの小田さんが止めに入ったのですが、そのとき言っていたのが『やめろ！　SMAは喧嘩しちゃダメ！』という言葉。みんな自然とその言葉を受け入れ、それ以降、喧嘩している人を見たことがありません」

コンビ「ギンギラギン」の「ギン」の「ダンボール松本」も、次のように言っています。

「SMAは、芸人同士の助け合いがあります。例えばコント師だと、小道具を用意するためにお金がかかります。ほかの事務所ではあまり小道具の貸し借りをしないのですが、ＳＭＡでは『レジの小道具置いておくから、誰か使うヤツいるか？』などシェアできるので助かっています」

芸人間の良い関係性を作るためにマネージャーがやらなくてはいけないのは、限りなく平等に扱うこと。一部の芸人に忖度するようなことがあれば、一気にパワーバランスが崩れてしまいます。

「あいつは可愛がられているから」とか「あいつは○○派だ」とか……くだらないと思いますが、人間なのでこういうところにも配慮をする必要があります。

同じ事務所の芸人は、一緒に泥水をすすり同じ釜の飯を食った仲。みんなで良いネタを作るほうが効率が良いと私は思っています。

ネタは素人目線で見る

strategies for success

芸人のネタを見るときには、できるだけ一般的な目線で見るようにしています。

「ジャック豆山」がこんなことを言っていました。

「平井さんのすごいところは、事務所ライブに出ている芸人すべてのネタを見ていること。そして、見ているからこその分析力です。

10年くらい前、『バイきんぐと一緒にトークライブをしたい』と平井さんに言ったことがあります。すると、平井さんからは『トークではなくネタライブをやれ』という返答が。しかも、『7本ずつ新ネタをやる対決ライブをやれ』と言われたのです。それを2カ月に1回のペースで1年やれば、『売れる』と。

小峠さんが平井さんの言葉に感銘を受け、バイきんぐは根本的に行動を変えました。言われた通り新ネタライブをやっただけでなく、ツッコミとボケの役割を変え、完全に『賞レースを獲る』方向に変わったのです。

結果、バイきんぐは『KOC』で優勝。平井さんの『こうすれば売れる』という分析が当たったと言えます」

また、「や団」の「本間キッド」もこう言っていました。

「SMAには、200組以上の所属芸人がいます。その全組のネタを見ているのが、平井さん。それだけ見ていると『お笑いツウ』になってしまい、純粋な気持ちでネタを見られなくなりそうなものです。でも平井さんがすごいのは、どれだけネタを見ても一般的な視点を持っていること。

以前、や団で演劇の稽古をするネタを作ったことがありました。私たちは『誰もが受け入れられるベタな設定』だと思っていましたが、平井さんから言われたのは『お笑い好きな人には通じるけど、一般的には受け入れられないな』ということ。テレビには向かないので賞レースではやらないほうが良いとアドバイスをもらいました。

ほんとかな、と少し疑いの気持ちがあったので、テレビの収録でそのネタを披露しました。すると、本当にウケないのです。それで『さすが平井さんだ』と思いました」

少しむず痒《がゆ》いですが、これからも一般的な目線を忘れずにいたいものです。

ハリウッドザコシショウ
Beach Vに住む

strategies for success

コウメ太夫
錦鯉
やす子

Ｂｅａｃｈ Ｖが開館した２００７年３月から２００８年12月まで、この劇場に「住んでいた」芸人がいます。

それは、ハリウッドザコシショウです。

Ｂｅａｃｈ Ｖを作ったは良いものの、トイレ掃除やゴミ出しなど雑務をする人がいない。どうしようかと思っていたら、ザコシショウが「家が無くなる」というのです。これはちょうどいいと思って、冗談交じりで「住まないか？」と言ったら、なんと本人が承諾。

「管理人」という名目で、住んでもらうことになりました。

Ｂｅａｃｈ Ｖは、お風呂こそありませんがベッドもトイレもあるし、お金の無い芸人にとっては都合の良い居住空間でした。当時は近所に銭湯があったので、そこに通っていたようです。

「ネタ見せを担当してくれ」と私からお願いはしていないのですが、しだいにザコシショウが若手芸人のネタを見てくれるようになりました。「シショウ、いるなら見てください！」と言われ、アドバイスをしていたのです。

また、「いるなら出てください！」と言われ、出演予定ではないライブに出ることもあったようです。

いつでも劇場にいるので、若手芸人が夜にやってきて、相談を持ち掛けることもあったとか。錦鯉の長谷川雅紀は、芸人を辞めようと思っていたときザコシショウに相談して思いとどまったそうです。

この時期は、心が折れた芸人みんな、ザコシショウに助けを求めていました。

R-1で決勝に6回進出した「マツモトクラブ」もザコシショウについて、こんなことを言っています。

「私が初めて『R-1』で決勝に行ったのは、2015年。この年、シショウはバカウケしたにもかかわらず、三回戦で落ちてしまいました。

決勝に行けて嬉しい半面、『あんなにウケて落ちたシショウは、同じ事務所の自分のことをどう思っているだろう』……と不安に思ってしまいました。もしかしたら、『マックラは俺よりウケてなかったのに』など、不満に思っているかも。シショウと会うのが、怖くなってしまいました。

でも『R-1』が終わって初めてシショウに会ったとき、言われたのは『お前が一番面白かったよ』という言葉。シショウに対し、なんでそんなに小さい人間だと思ってしまったんだろう、こんなに心の広い素敵な方なのに、と感動したことを覚えています」

同じく「野田ちゃん」も、次のように言っています。

「シショウは、ああ見えてかなりの照れ屋です。

シショウと錦鯉の渡辺隆は師弟のような関係性で、傍から見ると心が通じ合った二人。でも二人とも、あまり感情を言葉に出しません。

ある時、渡辺が桜前線（錦鯉の前に組んでいたコンビ）を解散しました。すると、やる気が無くなってしまったのか、ネタ見せやライブに来なくなったのです。このままフェードアウトしてしまうのか……という状態にまでなっていましたが、『それは許せない』とシショウ。ちゃんと渡辺と話すと言うのですが、一人では嫌だったのか私も同席し、三人で鍋を囲むことになりました。

でも、シショウは何時間経っても肝心なことをなにも言いません。終電も無くなり、そのまま朝になってしまいました。このまま言わないで解散するのかなと思ったら、渡辺の帰り際に、いきなり『俺はお前が必要なんだ』と声をかけたのです。渡辺は、『なに言ってんだよ、気持ちわりぃな』という反応。私は、また後日ちゃんと話す必要があるな……と思いました。

その日の夕方。ネタ見せに来ると、なんと渡辺隆がいるのです。学ランを着て、ピンネタを披露していました。シショウの想いは伝わっていて、寝ないでネタを作ってきたのです。この様子を目の当たりにして、『二人は通じ合ってるんだな』と思いました」

長年SMAの芸人を見続けているある作家は「ザコシショウさんはお笑いがすごく好きだ」と言います。

ザコシショウは元々タバコを吸っていましたが、あるときいきなり「タバコやめる」と言い出したそう。

理由は、「タバコが原因で死んだら、好きなお笑いができなくなる」から。実際それ以降吸っているところを見たことは無いそうです。愛煙家が多い芸人界でいきなりタバコをやめるのは、至難の業だと思います。「お笑いを長く続けたいから」とタバコをやめたザコシショウは本当にお笑いが大好きだと思います。

Ｂｅａｃｈ Ｖに住みながらお金を貯《た》め、ザコシショウが出て行ったのが２００８年12月。いろんな人がやってくるので、冬場は特に「菌が集まる」と言っていました。

今となっては、この期間も良い思い出になっています。

錦鯉が売れた三つの理由

strategies for success

コウメ太夫

錦鯉

やす子

2021年の『M-1』で錦鯉が優勝しました。

2020年にファイナリストになってから順調に仕事を増やし、最高のタイミングで優勝した錦鯉。二人が売れたのは「賞レースで優勝したから」と言えば簡単ですが、ほかにも理由があります。錦鯉が「売れた」理由を、マネージャー目線から説明しましょう。


一つ目の理由は「**彼らの目標の立て方と実現力**」です。

錦鯉は、ブレイク前から「たくさんライブに出る」こと、そして「ネタの本数」を増やすことに注力していました。組んだ当初から高い目標を持ち、月あたり6本ほど新ネタを作っていた時期もあります。芸人でないと分からないかもしれませんが、月6本の新ネタは相当すごいことです。

この努力が、結果に直結したのだと私は思っています。

他人事のように「錦鯉は錦鯉」と切り離している芸人も多いですが、売れていないヤツはみんな真似《まね》すればいいのに、と思います。自分にはセンスが無いと思うなら、人の2倍、3倍努力をしなければなりません。

二つ目の理由は「**二人のコンビバランス**」。

錦鯉は、たいへんバランスの良いコンビです。ツッコミの渡辺隆とボケの長谷川雅紀。傍から見ていても、キャラクターが分かりやすいですよね。ひと昔前だと、キャイ～ンのコンビバランスが分かりやすいでしょうか。また、最近だと、モグライダーも同じ要素を持っています。

コンビバランスは、売れるために非常に重要な要素です。しっかりしている二人が組むとネタ作りで揉《も》めたりしますし、ボケにふさわしくない人が無理してボケても刺さりません。無理にキャラクターを作らず、元々の人間性でしっくりきているコンビが「バランスが良い」と思います。

キャラクターが分かりやすいことは、「テレビが使いやすい」ことに直結します。特に雅紀は〝隙〟だらけでいじりやすい。坊主だし、歯は無いし、貧乏エピソードは豊富だし……。錦鯉は、テレビの作り手が「使いたい」と思うキャラクターが確立されているのです。

また、錦鯉のネタで、雅紀が「言わされていない」のも大きなポイントです。錦鯉のネタは突飛な設定も多いですが、〝無理〟がありません。キャラクターに嘘をついていないのです。

錦鯉は、渡辺隆が一人でネタを考えるのではなく、雅紀に意見を聞きながら二人でネタ作りをしています。「こういうとき、雅紀さんならどう言うか？」と都度確認しながらネタを作っているので、心から気持ちを乗せて漫才ができるのです。

三つ目の理由は「**愛される力**」。

錦鯉は売れない時期が長く、下積み時代を非常に長く経験した苦労人コンビです。そんな苦労をしていたら、性格も歪《ゆが》んでしまいそうですよね。でも雅紀も隆も、ずっとまわりから愛される人間でした。

怒っているところも、人の悪口を言っているところも見たことありません。視聴者は敏感なので、性格の悪いタレントは隠していてもバレてしまうんですよね。でも錦鯉の場合、根っから人に好かれるヤツら。それが画面を通じても視聴者に伝わるのだと思います。テレビで観る錦鯉と実際の錦鯉、ギャップはまったくありません。

芸人にもエピソードを聞いてみると、「ジャック豆山」が次のようなことを言っていました。

「あるライブの日、たまたま誕生日だったので平井さんが回転寿司に連れて行ってくれました。同じアパートに住んでいる、錦鯉の雅紀さんも一緒に。

平井さんに『好きなだけ食え』と言ってもらい、満腹になるまで寿司を食べました。雅紀さんに『こんなにお腹いっぱい食べられるなんて幸せですね』と言うと、『いや、豆。明日になったらさ、どうせお腹は減るんだよ』と返答が。なんでカッコつけてそんなこと言うんだろう……と思いました」

「Ｊａａたけや」も、次のようなことを言っていました。

「錦鯉が初めて『Ｍ-１』決勝に行った年、印象に残っている〝雅紀さんらしい〟エピソードがあります。

準決勝か準々決勝の直前、錦鯉がフラッとネタ見せに来たのです。そこで披露したのは、『Ｍ-１』に向けた完成度の高いネタ。芸人も大爆笑で、『すごいな、さすが錦鯉だ』という雰囲気になりました。

しかし、ネタ見せにはダメ出しがあります。見ていた作家も、いくら完成度の高いネタだとしてもなにも言わないのは示しがつかないと思ったのか、いくつか改善点を提案しました。

すると、淡々と返答する渡辺さんの隣で、雅紀さんがすごく不機嫌そうな表情をしているのです。雅紀さんがそんな態度をとることはこれまで無かったので、驚きました。『一言一句作り込んだネタに対してなにか言われたら、さすがの雅紀さんも怒るのか』……と思ったのですが、ダメ出しが終わりかけたとき、いきなり笑顔になったのです。そして、『なるほど！　そういうことかぁ～！　な～るほどね～』とニコニコ。

不機嫌になっていたのではなく、単純に作家さんと渡辺さんのやりとりを理解できていなかっただけでした。結局、雅紀さんはものすごく良い人です」

芸人が売れる理由は様々です。錦鯉の例だけが正しいわけではありませんが、彼らが売れた理由を紐解《ひもと》くことで「ヒント」になるのではないでしょうか。

村田渚という男

strategies for success

ＳＭＡお笑い部門を語るにあたり、絶対に外せない男がいます。その男の名は、村田渚。ＳＭＡに所属していたのはたった1年ほど。なぜなら、彼は２００６年11月11日、35歳という若さで、急にこの世を去ったからです。

村田渚と出会ったのは、私がまだ渡辺プロダクションにいた時代。芸人のマネジメントを始めたばかりの１９９２～１９９３年頃だと思います。面識はありましたが、あいさつ程度でじっくり話したという記憶はありませんでした。

当時彼は「フォークダンスＤＥ成子坂」というコンビでホリプロに所属しており、若手筆頭の注目株。『ボキャブラ天国』（フジテレビ）にも出演し、渡辺プロダクションのネプチューン、ＴＩＭ、ピーピングトムらとともに人気芸人の道を歩み始めていました。

順調に見えた彼の芸人人生ですが、１９９９年にフォークダンスＤＥ成子坂は解散。ホリプロを退社し、ピン芸人として活動を始めました。

今は、30代後半の芸人でも売れていなければ「若手」と呼ばれる時代です。しかし当時は20代から活躍する芸人が多く、30歳になれば行き遅れ。「30歳で売れていなければ引退」と言われる時代でした。

フォークダンスDE成子坂を解散したとき、渚はすでに28歳。ピン芸人としてホリプロ（当時は合併しホリプロコム）に戻った期間もありますが、思うような結果が出せず2005年に再びフリーになりました。

同年5月、渚は元「坂道コロンブス」の松丘と「鼻エンジン」というコンビを組み、芸人として再スタートを切りました。

私と彼らを引き合わせてくれたのは、ネプチューンの原田泰造。

コンビを結成したは良いものの、心機一転、別の事務所で勝負したいという彼らを「ＳＭＡに引っ張ってくれないか」と言うのです。最初はゲストとして事務所ライブに出てもらい、半年ほどして正式にＳＭＡ所属となりました。

一緒に活動するようになり、私は渚のセルフプロデュース能力の高さに衝撃を受けました。芸人ではなくマネージャーになっていても成功していたでしょう。それほど考える力があり、さらにお笑いへの情熱が凄《すさ》まじい人間でした。

プロデュース能力に関して、一つ印象に残っている話があります。

それはコンビ名の付け方。渚は、当時すでに「検索」を意識していました。既存の言葉をコンビ名にすると、検索しても先に別の情報がヒットしてしまいます。だから「造語にする」と言うのです。

例えば、「錦鯉」で検索しても魚の「鯉」しか出てこない。彼ら自身の情報がなかなか出てこないのです。錦鯉は「M-1」で優勝したから良いですが、そうでなければずっと「鯉」に負けていたでしょう。

また、渚は「お笑いはかっこつけちゃダメだ」という考えを持っていました。かっこいいコンビ名を付けると、芸人は名前負けするというのです。そのうえで「『鼻』を付ければどんな言葉でもダサくなるんです」と、コンビ名に「鼻エンジン」という造語を使っていました。

渚は、純粋にお笑いが大好きでした。一緒にお酒を飲んでいても「今日は『エンタの神様』が観たいんで帰ります」と、サクッと帰ってしまうのです。また、携帯のメモ帳にいつもネタを書いていました。あのメモ帳はお宝です。今でも、渚の携帯が欲しいなと思ってしまいます。

渚と仲の良かった作家は、飲んでいても大喜利をやらされたと言っていました。渚とおぐ（ロビンフット）が大喜利に答え、作家に判定させるのだと。「あんなにお笑いに心血注いで、一生懸命だった方はいないいんじゃないか」と言います。


私も、渚ほどお笑いを愛した人間はいないと思います。彼のお笑いに対する考え方が、とても好きでした。「人は2度死ぬ」という言葉があります。人々から忘れられたとき、2度目の死がやってくるのだと。

渚の名前を忘れたくない、渚を2度亡くしたくない、と思いました。それで、SMAのライブハウスに『BeachV（びーちぶ）』と名付けたのです。「Beach＝渚、Village＝村」という由来です。

村田渚の「芸名はかっこつけるよりダサいほうがいい」という生前の意思で、「V」（ぶい）と読まず、（ぶ）という読み方に決定しました。

お笑い業界の
今後は明るい

strategies for success

私は、お笑い界の今後は「明るい」と思っています。

今は芸人が活躍する場がどんどん増えています。地上波を順番に観ていくと芸人が出ていない番組のほうが少ないと思います。いろんなジャンルの番組で、芸人の需要が高まっていると考えられます。

今はバラエティやネタ番組、司会者としての需要がメインですが、今後は「販売」や「作家」といった分野でも芸人の才能が開花するのではないでしょうか。

誰かが需要の壁を破ったら、どんどんいろんな芸人が参入していくと思います。かつて島田紳助さんが「司会者」業の風穴をあけてくれたように。

お笑い業界としては明るいですが、芸人個人に落とし込むと、昔より売れるための「努力が求められる」ようになっていると思います。

かつては、ちょっと大きな番組に1回出るだけで、スターの階段を上ることができました。『エンタの神様』や『笑っていいとも！』（フジテレビ）などの人気番組に出ることが、売れることに直結していたのです。

でも今は、そういう〝ラッキーパンチ〟で売れることはそうそう無いですよね。今はメディア露出をしても、実力が伴わないと売れることはできません。

芸人志望者も、ＳＭＡに関してはどんどん増えています。他事務所の養成所も、定員を拡大していると聞いています。「お金を払って養成所に行ってでも、芸人として売れたい」人が増えています。

需要も高まり、志望者も増えている。個々人の努力は必要ですが、業界は間違いなく「明るい」と言えるでしょう。

第2章

人を育てるマネージャーという仕事

strategy for success

お笑い芸人のマネージャーの仕事

strategies for success

マネージャーとは、一言で表すと**「タレントをどう成長させるかの『地図』を描く人間」**だと思っています。

よく、付き人のように思われがちですが、仕事のオファーを受けたり、スケジュール調整をしたり、メディアに売り込みをしたり……マネージャーの業務は多岐にわたります。

タレントが「商品」だとしたら、マネージャーに求められるのは「より売れる商品」を作り、利益を上げること。言葉が悪いかもしれませんが「知名度を上げ、いかに稼げるタレントを作り上げるか」がマネージャーの仕事。そのために、タレントが円滑に仕事できるようサポートをします。

ときに、タレントの精神的なはけ口となることもあります。

ニコニコと収録から戻ってきたら「どうだった？」と話を聞きますし、落ち込んで戻ってきたら、一緒に次に向けた対策を立てます。一つひとつの収録に対し、チャレンジはできたか、良い発言はできたか、検証し反省することが次のチャンスに結びつきます。

担当しているタレントの状況や性格により、対応を変えることもあります。例えば、渡辺プロダクション時代にホンジャマカを担当していた時代、私はよく恵（俊彰）さんと飲みに行っていました。恵さんは収録で神経をすり減らすタイプだったからこそ、まっすぐ家に帰りたくなかったのだと思います。それがストレス発散に繋がるのであれば、と、よく一緒に飲みに行って話をしていました。

そして、マネージャーは、視聴者目線・業界目線どちらも持った上で、俯瞰でタレントを見る必要があります。具体的には、視聴者目線では「タレントがなにを言ったら嬉しいんだろうか？」、業界目線では「どういう対応をされたらモチベーションが上がるんだろうか？」ということです。

私は、「相手の目線に立って考えられる」人が、良いマネージャーだと感じています。

マネージャーの最も大切な業務が「断る」ことです。

オファーをいただいても、様々な事情ですべてを受けることはできません。このときの断り方で、今後の仕事の増減が決まると言っても過言ではありません。

単純に「スケジュールが合いません」だけで断ることはNGです。断りながらも、例えば「今回はスケジュールが合いませんが、○日の収録であれば行けます」など、次の提案をすることが重要です。向こうの立場を考えて、どういう言葉を返せば次の仕事に繋がるか逆算して対応するのです。

昔であれば、断るときこそ直接会いに行って人間関係を構築していました。繰り返しですが、単に「断る」ことは簡単です。だからこそ、人によって違いの出るポイントでもあります。

具体的ではないかもしれませんが、先方からの「プロフィールをください」との問い合わせがあれば、プロフィールと何を送ればより芸人の良さが伝えられるかを考えます。「1を1で返す」のではなく、「1を2にして膨らませて返す」、ということも大切にしています。

お笑い事務所の多くは、決定権を持つ「チーフマネージャー」と、芸人の現場まわりのサポートをする「現場マネージャー」が分かれています。現場マネージャーには権限が無く、ジャッジできないため、なにかあれば都度チーフにお伺いを立てる必要があります。

でも、これではマネージャーは成長できないと私は考えています。そのため、SMAではマネージャーの仕事に区別を付けていません。現場に出つつスケジュールやオファーを管理するし、すべての意思決定を個々のマネージャーに任せています。それで失敗するようなことがあれば、私がケツを拭きます。

これは、渡辺プロダクション時代に上司の関口さん（現：有限会社プロデューサーハウスあ・うん代表取締役、関口雅弘氏）から学んだ教えです。自分で意思決定をして、失敗して反省をする。この繰り返しが、人を育てます。

大切なのは、お金や名声ではなく「人を育て、残す」ことです。

逆に、私は現在、ほとんど現場（収録や賞レースなど）に出ていません。ほとんどの現場に関しては、担当のマネージャーに一任しています。

担当マネージャーと芸人が二人三脚で歩んだほうが絶対的に成長速度は速いのです。

抽象的な言い方ですが、今私がしているのは「0から1を生み出す」ことです。新人芸人をいかに売れる芸人にするか、そのための場作りというのでしょうか。バイきんぐが2カ月に一度新ネタを6本披露するライブ（ロビンフット、だーりんずも参加）を開催したり、ハリウッドザコシショウは自主ライブを毎月開催していたりなど、売れている芸人は何らかの努力をしています。

ＢｅａｃｈＶのライブに関しては、ほぼすべてを担当しています。どういうライブをすれば芸人が良いネタを作れるか、テレビに出られるネタを作るために、どういうことに気付かせれば良いのか……。

ネタが無くては「芸人」と名乗ることはできません。ちゃんとした「芸人」になり、独りよがりにならず、お客さんに歩み寄ったネタを作るにはどうしたら良いか。その想いで、ライブの企画から運営まで全工程に携わっています。

芸人の話し方と
マネージャーの聞き方

strategies for success

芸人と話していると、世間話だったとしても「オチ」があるか気になってしまいます。すべての会話がトークの練習だと思って、作ったオチでも良いから用意して、常日頃話す練習をしておくべきと思います。

昔フジテレビで『上岡龍太郎にはダマされないぞ！』という番組がありました。あるときに「上岡さんみたくおしゃべりがうまくなりたいんです」と相談したアイドルへの返答が今も印象に残っています。

上岡さんは「テレビにツッコんで、テレビにボケれば良いんだよ」と言いました。続けて、「テレビという最高の練習台があるんだから」と言いました。

芸人も話がうまくなりたいのであればこのくらいするべきですし、ビジネスマンもトークのテクニックがあったほうが出世すると思います。

一方で、話の「聞き方」に関しては、メモを取ることが重要だと思います。メモを取ることは、基本中の基本です。言われたことをすべてヌケモレなくできるならメモを取らなくても良いですが、そうでないなら最低限メモを取るべきです。

話している側も「真剣に聞いてくれているな」と思うのではないでしょうか。

マネージャーは、芸人の話を聞くことも仕事のうちです。

あまり無いことですが、芸人から「相談があります」と言われたときは、大概「芸人を辞めようと思う」や「結婚や子どもが生まれます」などの重要な話です。

向こうから話をしてくるときは本人にとって大切な話題なので、きちんと耳を傾けるように心がけています。

タレントに僻まない

strategies for success

バイきんぐ

や団

AMEMIYA

マネージャーになった当初、実は「すぐ辞めるだろう」と思っていました。まさか、30年以上マネジメントに関わることになろうとは、当時は1ミリも考えていませんでした。

20代の頃は、休みはまったくありませんでした。でも振り返ると、休みが無いことを不満に思ったことはありません。それより、なんとなくつまらないというか、充実感が無かったのです。

マネージャーは、ただの代理人。担当しているタレントは同じ時間を過ごしていても、どんどん先に行ってしまいます。

くだらない僻《ひが》みですが、当時は「隣の芝生は青く見える」状態でした。やっている仕事内容が違うのに、タレントと自分を比べていたのでしょう。彼らが売れていくことが、自分の評価になることを理解していなかったのだと思います。

20代の頃、私が担当していたのは、「すでに売れている芸人」でした。

私が育てたというよりは、「自身で売れていった」感覚に近い。圧倒的に彼らの力が大きくて、自分の力は活かされていないと思っていました。

思い返すと、私がマネージャー業の本当の魅力に気付いたのは２０１２年。バイきんぐが『ＫＯＣ』で優勝したときです。そのとき、「あぁ、こんなに素晴らしい仕事は無いな」と思いました。

２０１６年にハリウッドザコシショウ、２０１７年にアキラ１００％が『Ｒ-１』で優勝したときも、２０２１年に錦鯉が『Ｍ-１』で優勝したときも、同じことを思いました。

マネージャーは、「タレントが結果を出す」ために動きます。だから、「タレントの成功＝マネージャーの成功」。これ以上嬉しいことはないのです。

今になって分かるのは、20代の頃に「すぐ辞めよう」と思いつつもマネージャーをやり続けた苦労が、今に繋がっているということ。

当時の失敗や成功の積み重ねが、ＳＭＡでの芸人育成に通じていると思います。

連絡の優先順位を上げるためにしていること

strategies for success

ホンジャマカの担当を続けながら、１９９２年4月から新人芸人も担当することになりました。ふかわりょうやネプチューン、ＴＩＭ、ビビる、なすびなど、「新人」と付いてはいますが、今考えると錚々《そうそう》たるメンバーです。

ふかわりょうは１９９４年にデビューすると瞬く間に売れて行ったので、すぐに別のマネージャーが付きました。ネプチューンは、１９９５年10月頃から急激に忙しくなった記録が残っています。

当時の東京お笑い市場は、今とはまったく様相が異なります。まず、吉本興業は東京に進出して間もない頃でした。当時は大阪がメインで、ＮＳＣ東京校（吉本興業の養成所）ができたのが１９９５年。「お笑い＝吉本興業」のイメージがあるかもしれませんが、この時期の東京においてはそうではありませんでした。

勢いがあったのは、私がいた渡辺プロダクションをはじめ、太田プロダクション、浅井企画、ホリプロ（現・ホリプロコム）、オフィス北野（現・ＴＡＰ）、プロダクション人力舎。関東のお笑い事務所といえば、この6社がメインだったと記憶しています。

『M-1』が始まる前に東京の若手お笑いを特に牽引《けんいん》していたのが、太田プロダクションのデンジャラス、ホリプロのバカルディ（現・さまぁ〜ず）、渡辺プロダクションのホンジャマカ。おそらくお笑い番組のプロデューサーは、まずこの3組に出演打診をしていたと思います。ホンジャマカを担当していた私にも、頻繁に出演オファーの連絡がありました。

そのなかで私が徹底していたのは、いかに「頼られる優先順位を上げるか」ということ。

当時はネット社会では無いので、今よりも人と人の付き合いが重要でした。メールやリモートでの打ち合わせが発達した今だと、顔と名前が一致しないままやりとりをして収録当日を迎える、なんてこともよくあります。でも、当時は電話や対面で打ち合わせを行うことがほとんどでした。

当時の売れっ子芸人、デンジャラス・バカルディ・ホンジャマカにオファーをして、ダメだったときほかの芸人に白羽の矢が立つ時代です。つまり、プロデューサーやディレクターが「困ったな。誰にオファーしよう」と思ったとき私の顔が浮かべば、私が担当している芸人たちの仕事に繋がります。

思い出してもらうために私がやっていたのは、とにかく会いに行くこと。これもワタナベエンターテインメントの渡辺ミキ社長から教わったひとつであり、渡辺ミキ社長には今でも大変感謝しています。

オファーの電話をもらったらまず会いに行き、ホンジャマカへの依頼だったとしても「うちの若手にもチャンスはありませんか？」と隙を見ては売り込んでいました。依頼を断るときも電話一本で済まさず、なるべく会いに行って説明していました。

また、顔と名前を売るために、あえて「収録現場から離れる」ということもしていました。

例えば、出演を断ってしまった番組があるとします。同じ局で収録があったら、現場を離れ別フロアにいるはずの担当者を探します。そこで「先日はすみませんでした」と名刺を渡すだけで、印象に残ることができるのです。

正直、収録現場で私ができるのはケタケタ笑うことくらい。ホンジャマカの二人は現場経験が豊富で、私がいてもやることが無いのです。それに、私がいる・いないで出演料が変わるわけでもありません。それだったら、顔を売りに歩き回ろう。そういう魂胆です。

「昔は良かった」という話に聞こえてしまうかもしれませんが、今は人間関係が希薄になっていることを深く感じています。会うことのハードルが上がり、メール一本で仕事を断れるようになってしまいました。

打ち合わせも、メールやリモートより対面のほうが良いと思っています。顔を合わせて話したほうが、細かなニュアンスや情熱が伝わりますから。

かつては、打ち合わせや収録で仲良くなったＡＤさんがディレクターになり、数年後にまた声をかけてくれるということがよくありました。でも、これからはそんなことも無いかもしれません。人間関係を構築するのが難しい時代になったことを感じています。

マネージャーの役割

strategies for success

バイきんぐ

や団

AMEMIYA

マネージャーの仕事で重要なのは、芸人が聞く・聞かないは別として「**（芸人に）気付かせる**」ことだと思っています。気付かせて、感じさせて、その上で自分の頭で考えさせるというステップが大切です。

いろいろと偉そうなことは言いますが、マネージャーは舞台に立ちません。そのため、舞台上での立ち振る舞いや見せ方に関しては、日頃から舞台に立っている彼らには敵《かな》わないのです。

だけど、芸人たちは表現者であるがゆえに、売れることよりも「自分はこうしたい」と思うことを優先してしまう。こだわりや理想を捨てられず、自分が思うままに突き進んでしまうのです。

マネージャーがやるのは、「このまま好き勝手やっていても売れない」と気付かせること。その上で、気付いたやつだけが伸びていく。そう考えています。

悲しい現実ですが、大勢いる芸人の中で売れるのはたった3％にも満たないのです。97％は一生かかっても売れることはできない。この売れる3％にいかに入っていくか。好き勝手やっていたのでは入れない枠に入れる確率を高めるのが、マネージャーの役割です。

芸人が事務所に所属する意味もここにあります。「好きなことだけやりたい」のであれば、事務所に入る必要なんてないのです。売れたい、成功したいと思っているのなら、自分から歩み寄らなければいけない。

例えば、コウメ太夫が良い例です。彼の強みは、なにより素直であること。良い意味で自分のセンスを信じておらず、「これやってみなよ」と言われたことをすぐに取り入れるのです。それが彼のブレイクに直結しました。自分を過信せず、俯瞰で見る。それだけで光明がさしてくると思います。

自分たちのやりたいお笑いを貫く、という芸人もいます。でも私は、「お前の人生、１０００年あるのか？」と思ってしまいます。芸能界で活躍できるのは、長くても数十年。その短い時間内で結果を残したいなら、自分の足りない才能を理解して、人のアイデアも取り入れてほしい。それが売れる近道だからです。

芸人が芸能界で成功するために、「プライド」はいりません。

賞レースで結果を出した芸人も、最初はひな壇からのスタートです。そこでいじられて、バカにされたときに「どう返すか」が、本当に売れることができるかどうかを左右します。

「自分がやりたいことだけやっていたい」というプライドが「いじられること」を拒否するのなら、芸人ではない職業でお笑いに関われば良いと思います。

マネージャーの役割で「気付かせること」のほかに重要だと思うのは、「次のステージに行ったときに成功する」という視点で、芸人たちの人間力を育てること。

以前、友人からこんな話を聞きました。

友人の知り合いで、とあるＩＴ企業に勤めているエンジニアがいました。その人は若くして年収１０００万円を超えていると言うのです。私は驚いて、「エンジニアってそんなに給料良いのか？」と聞きました。

ですが、友人は「いや、彼が出世できたのは、ただ『明るい』からなんですよ」と言うのです。そのエンジニアはコミュニケーション能力がずば抜けて高く、技術力というより「可愛がられて」、その結果出世できたというのです。

この話を聞いたとき、「これだ！」と思いました。ちゃんと会話ができて、コミュニケーションが取れるだけで人は出世できる可能性がある、と思ったのです。

これは芸人が次のステージに行ったときも同じです。

97％が売れない業界ということは、ほとんどがいずれ芸人の道を諦めることになります。何年も一生懸命取り組んだことを諦めて第２の人生を選ぶことは、とても辛《つら》いことです。だからこそ、次のステージに進んでも可愛がられるような人間になってほしい。

仲間同士で傷を舐め合い、みんなが泥水をすすっている状況に置かれると、芸人という肩書に甘え努力をしなくなってしまいます。そんな情熱を失った状態では売れるわけが無いし、ステージを変えるなら早ければ早いほど良いのです。

芸人として才能が無かったとしても、情熱をもって一生懸命頑張っている人は絶対に見捨てません。クビも切りません。たまたま「マネージャー」という職業に就いただけで、人の夢を打ち砕くようなことはしたくないからです。

でも、売れる可能性が無い、やる気も失っている芸人には「次のステージに進んだほうが良い」と面談で伝えることも必要です。腐ったミカンは、まわりに伝《でん》播《ぱ》します。厳しい言い方になりますが、「お笑いごっこ」になってしまっている人には責任をもって、ステージを変えることを促します。

ステージが変わったとき、その人が次の場所で成功できるよう、人間として育てることもマネージャーの仕事なのです。

「時間を守る」「挨拶をする」「明るく振る舞う」「コミュニケーションを取る」芸人である前に、立派な社会人たれ。そう思っています。サラリーマンになったとしても、そういう人間は愛されると思うのです。

マネージャーは「人を動かす」仕事だからこそ、人間的にまともでないと務まらないと思います。相手の立場になって行動することを心がけさせています。

ほかの職業であれば、もしかしたらその人自身の破天荒さが面白がられ、結果に繋がることがあるかもしれません。ですが、破天荒なマネージャーにタレントは付いていきません。タレントが間違ったことをしたときに説得力のある指摘をするためにも、バランスの良い人間であることが必要であると思います。

マネージャーの「成功」とは

strategies for success

マネージャーにとっての「成功」とは、なんでしょうか。

私の答えは「**たくさんの芸人（タレント）を残すこと**」です。

一組の芸人を大きく育てることも重要ですが、たった一人のブレイクではなく、夢を持った縁ある芸人を一人でも多く世に出すこと。それこそがマネージャーの成功だと思っています。

「残る芸人」言い換えれば「売れる芸人」です。人それぞれ「売れる」の物差しがあると思いますが、私が言う「売れる芸人」とは、お笑いでお金を稼げるようになった芸人のことです。

まったくアルバイトをせず、お金を借りることもせず、舞台やテレビで「お笑い」だけをやって生活できるようになったら、それが「売れた」だと考えています。そういう芸人を数多く生み出すことが、私にとっての「マネージャーの成功」です。

でも、この考え方は全マネージャー共通ではありません。もちろん、タレントを残すより「出世して偉くなりたい」と思う気持ちが大きい人もいます。

ただ、出世のために上にお伺いを立てたり、忖度したり、それは私にはさもしく思えます。

ＳＭＡは「人を残して売り上げを作る」ことができれば、肩書は変わらなくてもペイで返してもらえる会社です。だからこそ、こんなキレイごとを言えるのかもしれません。

ソニー・ミュージックアーティスツの一部門であるメリット

strategies for success

バイきんぐ

や団

AMEMIYA

ＳＭＡ（ソニー・ミュージックアーティスツ）は、ミュージシャンや俳優・タレント・文化人、そしてお笑い芸人のマネジメントを行う総合芸能事務所です。ＳＭＥ（ソニー・ミュージックエンタテインメント）の完全子会社で、グループとしてはかなり大きな規模と言えると思います。ＳＭＡお笑い部門は「おじさんばかり」と揶揄《やゆ》されることも多いですが、他部門には華々しく活躍する方がたくさん所属しています。

例えば、２０２２年に放送された連続テレビ小説『ちむどんどん』の主演・黒島結菜はＳＭＡに所属する俳優ですし、ミュージシャンで言えば奥田民生やＬｉＳＡなどたくさんの有名ミュージシャンが所属しています。

お笑い部門を抱える芸能事務所は、お笑いを専業、またはメインにしている事務所が多い中、総合芸能事務所である私たちは、少し異色の立ち位置にあると言えるでしょう。

ソニーミュージックグループ、ＳＭＡに所属する最も大きいメリットは、この「名前」だと思います。

「ＳＭＡがお笑い部門を作った」から、こんなにたくさんの芸人が集まったのです。「平井が芸人の事務所を作った」のでは、芸人は集まっていません。

私も含め、ほかのマネージャーや社員たちも勘違いしてはいけないと思うのが「会社の名前で仕事をしている」ということ。自分に力があるから仕事ができているわけでは無いのです。

仮に、私が「明日ＳＭＡを辞めて独立します」と言ったら、何人が付いてくるでしょうか。会社があって自分があるのに、勘違いをして「私が売った」「自分の手柄だ」と思ってはいけません。独立して成功できるかどうかは、次元の異なる話です。

そう考えると、芸人たちはすごく尊敬できる存在です。

なぜなら、彼らは自分の名前で勝負しているから。私は会社の名前で勝負して、その中でたまたま才能のある芸人に出会えただけです。

「会社の看板ではなく、個人として人生に勝負をかけている君たちのほうが偉い」。

芸人たちには、よくそう伝えています。

マネージャーは「勘違いできる職業」

strategies for success

マネージャーは「勘違いできる職業」です。**なぜなら、「担当している芸人が売れる＝自分も売れている」と思ってしまうからです。**

芸人が「売れるための地図を描く」のはマネージャーだとしても、次に呼ばれるかどうかはタレントしだい。マネージャーは、売れる「サポート」しかできないのです。

それなのに、タレントの活躍を自分のおかげだと思ってしまったマネージャーは、担当を外れたときに試練に直面します。次に担当した芸人を売れっ子にできず、挫折するマネージャーを山ほど見てきました。

担当がかわったとき、そのマネージャーが「過去どんなマネジメントをしてきたのか」が浮き彫りになります。勘違いして横柄な態度をとっていたマネージャーが新人を担当しても、成果を出すことはできないのです。そうやって挫折したマネージャーの多くは「マネージャー」という職業そのものを辞めます。

こういった「勘違い」を防ぐために、ＳＭＡでは「売れている芸人だけ」を専任で担当させることはしません。必ず、売れている芸人・新人芸人のどちらも担当するようにしています。

売れている人を担当していると、仕事は「断る」ばかりになってしまいます。でも新人の場合、「お願いする仕事」も多発します。そうやってバランスを取り、自分の能力を勘違いしない環境を作っています。

とはいえ、マネージャーが担当する芸人が売れるかどうかの鍵を握っていることは間違いありません。マネージャーがかわったことがきっかけで転落してしまう芸人ももちろんいます。

帯番組を担当するほど売れていた芸人でも、マネージャーがかわったことがきっかけで仕事が無くなることもあります。これは芸人が「自分の能力だけでうまくいっていた」と勘違いしていた事例でしょう。

売れている芸人のスケジュールの組み方

strategies for success

バイきんぐ

や団

AMEMIYA

スケジュールの組み方は、売れている芸人とそうでない芸人ではまったく考え方が異なります。

売れている芸人は次々にオファーが来るので、パズルを組み立てるようにスケジュールを埋めていきます。もちろん、タイミングが合わず泣く泣くお断りすることもあります。

対して、そうではない新人にとっては一つひとつの仕事が全力投球。メディアに出るだけでなく、オーディションも入ってきます。

私がホンジャマカを担当していたときは、正直、自分の物差しでスケジュールを詰め込んでいたかもしれません。また、各テレビ局とのパイプ作りが今後のホンジャマカの人生に必要だと思っていました。

当時のテレビ局は６局（ＮＨＫ、日本テレビ、ＴＢＳ、フジテレビ、テレビ朝日、テレビ東京）で、増えることも減ることもない時代。より多くの人と仕事をし、結果を出すことが重要だと思っていました。

寝る時間だけは確保していましたが、空いていればどんどん仕事を入れていいました。私がいけるのだから、二人もいけるだろうと思っていたのですが、恵さんは私より4歳、石塚さんは7歳年上です。今思えば、無理をさせていたかもしれません。

最近はテレビ局自体が働き方改革をしているので、昔よりも「休みが取れる」時代になったように思います。昔は朝方3～4時まで収録をしていることも当たり前でしたが、最近は深夜の収録はほぼありません。

仕事のオファーが増えると、仕事を取捨選択することになります。

私がマネジメントをするにあたり重要視していたのは、金額よりも「次に繋がるか」ということ。単刀直入に言うと、「レギュラー仕事になる可能性を見る」ことです。

レギュラー仕事があると、芸人に安心感と安定感が生まれます。知っているスタッフと一緒に長期間番組を作れるという安心感、そして毎月の定期収入があるという安定感です。

本来であればスケジュールさえ空いていればどんどん仕事を入れたいですが、

ある時期を超えると「質」が重要になっていきます。
マネージャーはスケジュール帳の白を嫌う生き物で、スケジュールを埋めたいという使命感を持っています。質を重要視するタイミングを見極め、スケジューリングしていくことが大切だと感じます。

また、忙しい芸人に関しては「ネタ作り」や「ネタ合わせ」もスケジュールに組み込むことがあります。

時間は「つくるもの」とよく言いますが、本当にその通り。同じ局で収録が続く際は、会議室を押さえてもらったりもします。必ず空き時間が生まれるので、そのタイミングでネタを作ったり練習したりするのです。

コンビで仕事量が異なるバイきんぐがネタ合わせをする場合は、西村が小峠のスケジュールに合わせるという暗黙の了解があります。

これは、小峠がネタ作りを担当しているから成立する関係性です。ネタができたら、西村のスケジュールに「ネタ合わせ」が入る。これが逆だったらなかなか時間が合わないと思うので、うまくできているなあ、と思います。

芸人にとって「事務所」とは

strategies for success

事務所に所属せず、フリーで活動する芸人が最近増えています。でも、それで成功できるのはほんの一握り。

私は、芸人になるなら事務所に所属するべきだと思っています。なぜなら、事務所は「成功するための方法」に気付かせてくれるからです。また、成功するためのチャンスがつかめます。

マネージャーや芸人含め、まわりに人がいることは「独りよがりではなく、第三者にウケるネタ作りのアドバイスをもらえる」ということ。また、事務所には各所とのパイプがあるので、オーディションのチャンスも格段に増えます。

そして、芸人が破滅に向かわないよう、軌道修正してくれる存在でもあります。事務所は芸人のだらしなさを指摘するし、起こしてしまったトラブルにも対応します。それがフリーの場合は、すべての責任が自分にのしかかってきます。

また、表の仕事だけでなく、経理関係も自分たちで処理しなくてはなりません。自分たちの価値を自分たちで見極めて、ギャラの交渉も自らしないといけないのです。世間が思うより、フリーで活動することは大変です。

「好きなことをやりたいだけ」なら、事務所に所属する必要はありません。でも「成功したい」と思うのであれば、事務所に所属するほうが近道です。

芸人が売れるために必要なのは**「歩み寄る力」「合わせる力」「聞く力」**です。「ネタを否定されたくない」「好きなことをやりたい」というわがままで、独りよがりな感情で、人生を無駄にしている芸人も数多くいます。

でも、感情で動いても失敗しかしません。経験と歴史で物事を判断する事務所の意見は、意外とためになるものです。

成功するためには事務所に所属したほうが良い。その考えは変わりませんが、芸人と事務所の「相性」というものも確実に存在します。事務所を移籍した途端に人気が出ることも、珍しいことではありません。なので、基本的に「事務所を辞めたい」という芸人を引き留めることはありません。

「SMAではやりたいことを実現できない」と言うのなら、別の場所で夢を追うことになんの問題もありません。

また、SMAは「全員がプロ集団」というスタンスで芸人をマネジメントしています。芸人をクビにすることはありませんが、「プロ」として芸に向かい合えない人にはダラダラ残るより辞めてもらったほうが良い、とも考えています。

ＳＭＡは元々、他事務所やフリーでうまくいかなかった芸人を集め、ブラッシュアップして売れる道筋を探す「再生工場」のような事務所です。「そんなガラクタ集めてどうするの？」と言われたこともありました。

こう言うとドライに聞こえるかもしれませんが、一人芸人が辞めたとしてもすぐに頭を切り替えれば良いだけの話。事務所を辞めたい、もしくは芸人を辞めたいという人に固執することはありません。

くわえて、事務所との「相性」もあります。ＳＭＡから離れ、他事務所に移籍したことで売れる芸人もたくさんいます。

例えば、アルコ＆ピース。現在は太田プロダクションに所属していますが、結成から4年ほど（２００６～２０１０年）はＳＭＡにいました。

ＳＭＡではくすぶっていましたが、移籍後は、賞レースで良い結果を出したり、ラジオでレギュラーを持ったりと活躍しています。

合わない事務所に10年・20年いても人生を無駄にしてしまうだけ。ＳＭＡでうまくいかないのであれば、ほかの事務所で頑張ったほうが良いに決まっています。だから「辞めたい」という芸人を基本的には引き留めません。

ただ、長年一緒にやってきた芸人に対しては当然親心が生まれます。次の目標が決まっているのであれば気持ち良く背中を押しますが、なにも無いのであれば「次の目標を見つけてから辞めなさい」と伝えています。

また、芸人を続けるのであれば「別の事務所を探しなさい」とも言います。なんとなく辞めてしまうと、芸人は絶対に中途半端な状態になります。目標も無い、事務所にも入らない……そんな状態でアルバイトに追われ、月１回フリーライブに出ていても売れるわけがありません。

一方で、家業を継ぐとか就職するとかであれば、次の人生で頑張ってほしいと思います。芸人仲間もたくさんいるし、トークもできる。きっと次の人生でも可愛がられる人間になると思うからです。

マネージャーと芸人
理想の関係性

strategies for success

マネージャーと芸人の理想的な関係は、お互いが同じ目標を共有していること
です。同じ方向を向いていれば一緒に戦略を立てられますし、マネジメントも面白いと思います。

私が最初に担当したホンジャマカの場合、二人とも明確な目標があったのでマネジメントの方向性もはっきりしていました。恵さんは「関口宏さんのような司会者になりたい」と明言していましたし、石塚さんは「バラエティならロケに行きたい」「将来的には役者活動も行いたい」というタイプでした。

目標がはっきりしていたからこそ、現在は二人とも当時描いていた理想の仕事をしていると思います。

錦鯉は2023年には、目標が明確に固まってくるのではないでしょうか。「M-1チャンピオン」として1年間走り切り、芸能界がある程度見えてきたときに、次のステージの目標ができるのではと思います。

「目標が無い」という芸人も、たまにいます。その場合は、マネージャーが絵を描くことになります。

意外かもしれませんが、バイきんぐの小峠にやりたいことを聞いても「無い」と返ってきます。彼は元々「テレビに出たい」という人だったので、もしかしたら今はすでに「完成形」なのかもしれません。

第3章

平井流・逆境を跳ね返す仕事術

strategy for success

人付き合いで心がけていること

strategies for success

ハリウッドザコシショウ

マツモトクラブ

アキラ100%

テレビは「チーム」で作る世界です。

当然ですが、誰か一人で番組を作ることはありません。プロデューサーやディレクター、ＡＤ、技術、スタイリスト、ヘアメイク、そして出演者。

本当にたくさんの人が関わって、一つの番組を作るのです。正直、人が多すぎて全員の顔と名前、役職を覚えることはできません。

チームで番組を作る以上、私が大切にしているのは、ありきたりですが「挨拶」です。

現場では、一番偉い（とされている）ディレクターとしか話さないというタレントもいます。そして、下っ端（とされている）ＡＤをお手伝いさんのように扱う人もいます。

でも、私は現場にいる人間を、役職で優劣をつけてはいけないと思っています。むしろ極端なことを言えば、ＡＤと仲良くしておいたほうが将来に繋がる可能性があります。

なぜなら、ＡＤには「伸びしろ」があるから。ＡＤは、いずれディレクターやプロデューサーになる存在です。つまり、数年後にはキャスティングやお金の管理に携わるようになっていくのです。ADとして出会った人と、10年単位で一緒に仕事をすることも珍しい話ではありません。

対して、プロデューサーは出世や社内異動のため数年でいなくなってしまうことも多いのです。制作現場に携わらなくなってしまう人もたくさんいます。言い方は悪いかもしれませんが、数年でいなくなる人より長年ご一緒する人と仲良くするほうが、将来への種まきになります。

また、テレビの現場だけでなく、社内でも「挨拶」を大切にしています。正直なことを言うと、社内で挨拶をする人の9割は顔と名前が一致していません。

SMAには現在200人弱のスタッフがいますが、お笑い部門はごく少数で運営しています。人数が少なく、さらに立ち上げた本人であるからこそ、私のことを一方的に知ってくれている社員が多数います。さらにレコード会社など外部の人間も数多く出入りするので、社内で会う人が社員か社員でないかもよく分かりません。それもあって、声をかけてくれた人に横柄な態度をとるのではなく、丁寧に対応することを心がけています。

渡辺プロダクションの先輩からは、挨拶はタダなのでしっかりやりなさいと言われてました。


仕事相手や社内だけでなく、芸人たちとの付き合いも大事です。

彼らとは、仕事以外の話もよくします。最近子どもが生まれたという芸人には、「親」の先輩として話をすることもあります。また「家を買いたい」という芸人がいれば、代わりに不動産情報を調べることもあります。実家が不動産業を営んでいたこともあり、もしかしたら人よりも詳しいかもしれません。昔から不動産情報を見るのが好きなので、これは趣味半分でもありますが……。

私が情報提供するだけでなく、芸人たちから情報をもらうこともあります。

例えば、うちの子どもと同じ大学出身の芸人がいたら、「この学部は卒業難しいのか？」みたいなことを聞いてみたり、現役学生の芸人だったら、最近の受験情報を教えてもらったり。知らないことをネットで調べることは簡単ですが、現場にいる人や経験者に聞くことこそ大切だと思っています。

くだらなく聞こえる会話でも、親として有益な情報があったり、中にはマネジメントをする上で重要なことを話してくれたりすることもあります。情報を区別せず、いろんな話を聞くことが自分のためになると感じています。

前にも述べましたが、最近の芸人は人間として「まとも」な人が多いです。芸人＝破天荒のイメージが強いかもしれませんが、それはひと昔前の芸人の姿です。かつては芸人志望者自体が少なかったので、「飲む・打つ・買う」で無茶苦茶な生活をしていても面白ければ正義でした。でも今は、芸人になりたい人が山ほどいます。こういう世界では、ルールを守れない人は生き残れません。いくらでも代わりはいるのです。

コロナ禍で、それがはっきりと可視化されたと思います。

例えば番組MCがコロナに感染したとき、必ず誰かが代理を務めます。芸能界は椅子取りゲームなので、常に誰かが控えているのです。代理を務めた人の仕事ぶりが良ければその人に仕事がまわってくるし、ルールを守らない人はどんどん消えていきます。

椅子取りゲームなのは、芸能界だけでなくサラリーマンも同じだと思います。自分がビジネスや組織を動かしている、自分が中心だ、と過信することは、いつか破滅に繋がるのではないでしょうか。

そうではなく、常に「代わりがいる」と思いながら仕事をすることで、席を守るための努力ができるようになるのではと思います。

私の椅子も、きっと誰かが虎視眈々《たんたん》と狙っています。私がいなくなれば、誰かがこの席に座るだけです。

足を運ぶ現場を選ぶ基準

strategies for success

マネージャーをしていると、複数の現場が被《かぶ》ることがよくあります。そういうとき、私が選ぶのは「**自分が足を運ぶことでより未来に繋がりそう**」だと思う現場です。

錦鯉が『M-1』で優勝したときのことを例に挙げましょう。

彼らの人生を左右する、かなり重要な局面です。多くの人が、SMAのチーフマネージャーとして私が錦鯉の現場に赴くと思っていました。でも、私が選んだのは事務所ライブ（SMAトライアウトライブ）でした。

私が錦鯉の『M-1』決勝の現場に行かなかった理由は、大きく二つあります。

一つは、彼らのメンタル管理をするのなら別のマネージャーのほうが適していると思ったから。

言うまでも無く、『M-1』決勝に挑む芸人はとてつもない緊張状態にいます。かなりの恐怖でしょうし、精神的に不安定になるかもしれません。彼らがいつも通りに本番を迎えられるようサポートするのも、マネージャーの仕事です。

SMAは、賞レースでファイナリストになると個別のマネージャーが付きます。

もちろん錦鯉にも2020年の『M-1』でファイナリストになって以降はマネージャーが付きました。一年間並走して人間関係を築いたマネージャーがいるので、わざわざ私が行かなくともメンタル面は彼らのマネージャーが十分に支えられると思ったのです。

二つ目の理由は、私が行っても名刺を配ることくらいしかできないと思ったから。

SMAのチーフが来たということで、もしかしたら他事務所のマネージャーやスタッフが気を遣って挨拶に来てくれるかもしれません。いろんな方と人間関係を築くことは大事ですが、賞レース決勝の局面でわざわざやらなくても良いことです。コロナ禍ということもあり、現場に行く人間は一人でも少ないほうが良いというのもあります。

そして最も大きな理由が、普段一緒にライブを頑張っている若手芸人に「いつか賞レースの決勝に行ってほしい」という期待を伝えたかったから。

芸人たちは、当然私が錦鯉の現場に行くと思っていたようです。「なんで行かないんですか⁉」と真剣にびっくりされました。

そのときに私は「**君たちに期待しているからこっちに来た**」と言いました。「5年後、10年後の未来に賞レースの決勝に行くのは、君たちかもしれないよ」とも言いました。「そのときこそ、一緒に現場に行かせてくれ」と伝えたほうが、彼らの心を刺激できると思ったのです。

錦鯉の『M-1』を例に挙げましたが、行く現場を選ぶ基準はいつも「未来に繋がりそうなほう」です。もちろんトラブルになりそうな現場が最優先ですが、そうでなければ「大きな仕事だから」「楽しそうだから」のような理由で現場を選ぶことはありません。

会って話すことへのこだわり

strategies for success

マツモトクラブ

ハリウッドザコシショウ

アキラ100%

特に最近までコロナ禍なので難しかったことは承知ですが、私はできる限り「対面」で話をすることにこだわりたいと思っています。

マネジメントをしている芸人にオファーがあったとき、多くの場合はほかに候補がいます。特にスケジュールに余裕がある場合、複数いる候補のうちの一人であることが多いです。優先順位が一番ではなくとも、少しでもプライオリティを上げたい。そういうときに有効なのが「会うこと」。

目当てのタレントがＮＧだったとき、「わざわざ来てくれたから平井の担当芸人を使うか」と優先順位が上がることが、往々にしてあります。また、会って話すことでほかの仕事に繋がることがありますし、ほかの芸人を売り込むこともできます。対面は仕事の幅が広がるのです。

コロナ禍で、会わなくても物事がスムーズに進むようになりました。これまで当たり前のように会って進めていた会議でも、オンラインで済むようになりました。

また、メールや電話でやりとりを完結させることがどの業界でも増えたと思います。

コロナの感染拡大が収束してもこの便利な世界は続くと思います。でもだからこそ、顔を合わせて対話することが円滑に物事を進めることに繋がると、私は思います。

もしかしたら「わざわざ電車賃と時間を使って会いに行ってアホだな」と言われるかもしれませんが、今自分が新人だったら、会いに行くことでほかの人と差別化すると思います。どんな時代でも困ったときに連絡をするのは、より親密な相手だからです。

オンラインやメール、電話だけでやりとりをしている相手より、断然、会うほうが濃い人間関係を築けます。

なかには「わざわざ会いに来なくて良いよ」と言う人もいるでしょう。そういうとき、私は「今、近くに来ていまして。状況を説明しに行っても良いですか？」と連絡をします。

つまり、「会う」状況を自分で作ってしまうのです。

芸人のメンタル管理も仕事のうち

strategies for success

私は一週間のうち、3～4日はＢｅａｃｈＶ（劇場）にいます。ずっと劇場の中にいて、新人のネタ見せをしたり、芸人と話したり。他事務所から移籍して来た芸人には、以前の雰囲気や、なぜ辞めたのかといった話を聞きます。それがＳＭＡを改善するヒントに繋がるので、芸人の話は良い勉強になります。

ＳＭＡの状況が良いときこそ、次の施策を実行すべきだと思っています。状況が悪いときに動けば単なる悪あがきです。

しかしコロナ禍になって、移籍組がだいぶ減りました。来るもの拒まずでどんどん人を増やしていたＳＭＡですが、そろそろ「いかに定着させるか」を考える時期に来ていると感じます。

一日のスケジュールは、日によってだいぶ異なります。打ち合わせがある日、現場に行く日、ＢｅａｃｈＶに行く日……本当にそれぞれです。

基本的には、11時頃から20時頃まで働くことが多いです。満員電車に乗ると体力がだいぶ削られてしまうので、少しずらして通勤するというイメージです。

毎日、かなりのメールや承認業務に対応します。コロナ禍になり、出社しなくてもできる作業が増えました。承認も、深夜寝る前や朝など、ふと気が付いたときにパッとできるようになりました。少しずつ仕事の質が変わってきたのを感じています。

また、芸人のメンタル管理をすることもあります。賞レースでうまくいかなかった芸人を慰めたり、疲れている芸人を励ましたり……。

例えば、先日錦鯉のマネージャーと話す機会がありました。優勝後の二人の様子を聞くと、「長谷川さんはあんな感じだけど、隆さんに疲れが見えています」と言うのです。

それで、隆にメールを送りました。

「今は精神的にも体力的にも疲れる時期だと思うけど、売れている芸人はみんなそれをクリアして次のステージに向かっている。今がこれからの人生に関わるから、なんとか頑張ろう」という内容です。

また、『R-1』ラストイヤーで決勝を逃したマツモトクラブにも「やっていることは間違いない。チャンス待ちなだけで、君は絶対に売れるよ」と連絡をしました。彼ほど努力して、売れるために活動している芸人はほかになかなかいませんから。

芸人に限らず、日頃から近くにいる人間が優しい言葉をかけてもあまり刺さらないものです。それよりも1～2カ月に1度会うかどうかの私から連絡をするほうが、意外と刺さるものだと感じています。

できないことは人に頼る
そしてなるべく即レス

strategies for success

マツモトクラブ

アキラ100%

プライドという感情は、生きる上で最も邪魔なものだと思います。困ったときは頼るのが一番。私は自分が不得意なことは、すべて人に頼ります。

芸人には、パソコンや編集作業が得意な人間がたくさんいます。私はそういうのが苦手なので、どんどん仕事をお願いしています。手伝ってもらった芸人には、きちんとお礼をします。

私の立場上、依頼すれば無償でもみんな手伝ってくれると思います。でもここを曖昧にしてしまうと、人間関係が壊れてしまう。関係を平等にするためにも、きちんと「雇用関係」を結ぶのです。

毎日、たくさんの人からメールや電話が来ます。レスポンスするにあたり心がけているのが、「相手がなにを求めているか」と「スピード」。特に仕事のオファーに関しては「私以外にも連絡している」と思って対応するようにします。

基本的には、当日中に連絡を返します。すぐに結論を出せない場合は、「少しお待ちください」と返事をします。この一言があるのと無いのとでは、先方の心持ちが全然違います。

記録の使い道

strategies for success

新入社員時代から、自分のスケジュール帳はすべて保管しています。また、過去に担当した芸人のスケジュールもすべて残しています。

元々、記録を残していたのは「誰とどんな仕事をしたか」を明確にするためでした。すべてを記録していたので、後で見返すと「いつ・誰と・どこで・どんな仕事をしたか」すべて分かるのです。また、昔はスケジュール帳に担当者の連絡先まで書いていたので、連絡帳代わりという側面もありました。

今は、過去の記録は人を説得するため、そして納得・理解してもらうためのツールとして役立っています。

例えば、酔っぱらって「俺は昔こんだけ頑張っていたんだ」と言ってくる上司がいたとします。でもそう言われても、具体的になにを頑張っていたのか、どう結果を出したのか分からない。でも記録を見れば、その人の過去は一目瞭然です。

特にマネジメントは、成果の見えにくい職業です。だからこそ「自分はこれをやってきた」と証明できるのがスケジュールなのです。

芸人にも、よく昔のスケジュールを見せます。「●●●は、昔これだけ働いていたんだ。このスケジュールを乗り越えたから今がある」と具体的に伝えられたほうが、説得力がありますし、芸人にとっても指標になります。

現状がどうこうではなく、具体的な歴史を見せたほうが人は納得するものです。

また、スケジュールだけでなく、名刺や事務所ライブのＤＶＤもすべて保管しています。すべて会社に置いているので、退職するときは大変なことになるなと、今から心配しています。

空手で優勝。背中で示す闘争心

strategies for success

ハリウッドザコシショウ
マツモトクラブ
アキラ100%

何年も忙しく仕事をしていますが、身体はずっと健康体です。

コロナ禍になってからはやっていませんが、それまでは空手をしていました。高校生のとき1年間やっただけなので経験者というわけでもないのですが、芸人たちに背中を見せようと思い、２０１１年から稽古に通うようになりました。

大会に出場するときは、必ず芸人に観に来てもらうようにしました。賞レースで負けることは「当然」ではない、誰だって本気でやれば結果が出るのだ、ということを見せたいと思ったのです。

結果、いくつかの大会で優勝するまで上達しました。関東大会にも出場し、45歳以上の部で準優勝になったこともあります。

私が優勝したところで芸人の目の色が変わることはありませんが、「賞レースは記念受験じゃないんだから、一生懸命やろうよ」という姿勢は見せられるかなと思っています。

コロナ禍が収まったら、50歳以上・70kg以下の大会に出場してみようと考えています。

重要な「マネージャーのマネジメント」

strategies for success

ハリウッドザコシショウ

マツモトクラブ

アキラ100%

マネージャーが事務所を辞める理由は、大きく分けて三つあります。**「人間関係」「やりがい」「給料」**です。ただ、これはマネージャーが特別なのではなく、多くの企業で同じなのではないでしょうか。

私はチーフマネージャーとして、ＳＭＡお笑い部門のマネージャー陣をまとめる立場でもあります。

部下をマネジメントするにあたり心がけているのは、その人に合ったタレントを担当させること。具体的には、タレントとマネージャーの目標が同じ方向に向いているか、向いていないかです。人と人なので、どうしても合う・合わないがあります。ほかに人がいないからと無理をさせると、お互い潰《つぶ》れてしまいます。どちらかが「気が合わない」と言うのなら、担当はかえるべきだと思っています。

マネージャーは、基本的に奉仕の仕事です。自身の例でも触れましたが、担当するタレントが何億稼ごうと、自分の給料は大きく変わりません。それなのに、スケジュール管理だけでなくメンタルや体調まで考慮しないといけない。

ある意味、報われない仕事なのです。だからこそ、マネージャーを守るためにも相性を見極めることは重要です。

とはいえ、「このタレントを担当したい」という希望を考慮することはあまりありません。そもそも、ＳＭＡではそういう声はほとんど上がりません。**マネージャーは人の人生を左右する存在なので、「やりたいかどうか」ではなく、「仕事量をこなせるかどうか」のほうが重要です。**

ＳＭＡのマネージャーたちは、賞レース決勝に残った芸人がいると、「誰が担当しようか？」と、話し合いをします。それぞれの仕事量や状況をもとに、配置を決めていくのです。

また、仮にマネージャーの希望を踏まえて配置をすると、「あのマネージャーはえこひいきする」という僻みが起きたり、派閥が生まれたり、芸人間の関係が悪くなることがあります。

同様に、売れていない芸人に個別のマネージャーを付けることもありません。賞レースで結果を残すなど、誰もが納得する立場になった芸人にだけ担当を付けるようにしています。そうしないと、売れない理由を自分ではなく「事務所のせい」と思ってしまうようになるからです。

気が合わないのではなく考え方が違うだけ

strategies for success

ハリウッドザコシショウ

マツモトクラブ

アキラ100%

仕事をしていると、どうしても「気が合わない人」と出会います。職場や取引先にどうしても相容《あいい》れない人がいて、メンタルをやられてしまう方もいるのではないでしょうか。

でも基本的に、私は仕事において「気が合わない」相手はいないと思っています。「気が合わない」のではなく「考え方が違う」だけ。

「気が合わない＝相手の考えていることは間違っている」と思ってしまいがちですが、そう決めつけてしまうのは早合点です。なぜなら、自分は気が合わなかったとしても、相手にはなにかしら良い部分がある。だからこそその地位にいるのです。

自分が100％正しいと決めつけるのではなく、「考え方が違う」相手の考え方も吟味し、1％でも良いと思うほうを選んだほうがうまくいきます。

学生時代などは、気が合わない人がいたら、その人を避ける手段が取れなくもないですが、仕事だと避けてばかりはいられません。

私の場合は、「マネージャー」として仕事をするようになってからこういう考え方に切り替わったと思います。

マネージャーは「タレントの代理人」だからです。どんなに苦手な相手でも、タレントの代わりに断ったり、謝ったりしなければなりません。苦手だからといって、逃げることはできないのです。

マネージャーとして、タレントの代わりにプロデューサーに怒鳴られたことは数知れず。でも、そういう相手は「自分が感情的になった」と理解しているので、あとから優しくしてくれたり、こちらの要求を呑んでくれたりします。そう考えると、心底悪い人間はいないとも思います。

私の場合は「やらざるを得ない」状況に置かれたことで「気が合わないのではなく考え方が違うだけだ」と切り替えることができたのかもしれません。

人間ですから、どうしても苦手な相手はいます。仕事がすべて好きなことだけで成立すればこんなに幸せなことはないと思いますが、そんなにうまくはいきません。どうしても気が合わない、苦手だ……そんなときは、繰り返しになりますが「考え方が違う」と受け止めましょう。

上司でも同僚でも取引先でも、その相手はなにかを評価されてその地位にいるのです。それなら、自分からその人のノウハウや思考を「盗もう」と思って胸襟を開くほうが得策です。他人に自分を受け入れてほしいなら、まず自分から他人を受け入れるべきです。

自分が心を開いてみると、不思議と向こうも心を開いてくれるものです。

それでもどうしてもうまくいかないときは、「3年後にはいなくなっているだろう」と考えてください。

あなたがそこまでしてうまくいかないなら、まわりもみんな「こいつ嫌なヤツだな」と思っています。そういう人は、遅かれ早かれいなくなります。言葉は悪いですが、いなくなるのを待ちましょう。

仕事は「椅子取りゲーム」

strategies for success

働いている人なら誰でも、「嫌な仕事」があると思います。事務作業が苦手、新規営業は疲れる、プレゼンが緊張するなど。私の場合は「タレントに負担がかかる」仕事がそれにあたります。

早朝からのロケや、拘束時間が長い収録など。タレントにとってストレスが大きい仕事は、良いパフォーマンスができなかったり、ケガをしてしまったり、遅刻してしまったり……と、なにかしらトラブルが起きる可能性も上がるからです。

でも「負担がかかる」仕事をすべて断るわけにはいきません。状況を考慮し、「やったほうが良い」と判断できれば、どんなに負担の大きな仕事でも受けるべきだと考えています。

なぜなら、人生は椅子取りゲームだから。仮に私が断ったら、別のマネージャーに話がいきます。絶対に、誰か別のタレントが代わりを務めることになるのです。私が「負担がかかる」という理由で断ることは、巡り巡って担当タレントのマイナスに繋がってしまうのです。

マネージャー業以外でも同じです。

ソフトバンクの孫正義さんも、ユニクロの柳井正さんも、辞めたら必ず誰かがその椅子に座ります。

「自分じゃなきゃいけない」仕事なんて、ほとんどないのです。チャンスがあるなら、椅子は座ったもの勝ち。それなら「嫌だ」と避けるより、やる意味があると思える仕事であれば、「やる」一択です。

昔、ホンジャマカを担当していたときのことです。石塚さんは将来的に「役者になりたい」という希望を持っていました。

あるとき、ちょい役にもかかわらず、早朝から稼働が必要な役者仕事のオファーが来ました。本来であれば、石塚さんクラスのタレントは断っても良い仕事です。でも石塚さんが将来的に役者の仕事をしたいのであれば、「受けたほうが良い」と私は判断しました。ちょい役だったとしても、その現場に行くことで人脈が作れると思ったからです。

椅子取りゲームなのは、担当しているタレントだけでなく、マネージャーも同じです。態度が悪かったり、人の気持ちを汲《く》み取れなかったりするようなマネージャーは絶対に消えます。私が芸能界で働き始めたのは１９９１年。同期でまだ同じ業界に残っている人は、だいぶ少なくなっていると思います。

具体的かつ達成できる目標を立てる

strategies for success

芸人のモチベーションを上げるために心がけているのが、「**具体的な話をする**」ことです。例えば「バイきんぐは常日頃こういうことをしていた」「錦鯉が売れたのはこういう要素があったからだ」……と、具体例を入れながら話をするようにしています。

理想を語る、情熱を伝えるなど、抽象的な話をしてモチベーションを上げようとする人もいます。目指していることは分かるのですが、人間は一人ひとり感性が違うし、理解力にも差があります。具体的な事例を伝えることで、やるべきことが明確になるのです。

もう一つ大切なのが「**手の届く目標を与える**」こと。

毎年、年末に芸人と「来年の抱負」を共有します。多くの人は、目標を聞くと「売れたい」「稼ぎたい」……と、大きな返答をしてきます。

でも人は、大きすぎる目標を前にすると、諦めてしまう傾向があります。達成できなくても「ダメで当然」と思ってしまうのでしょう。大きな目標は、その分責任回避がしやすいのです。

手が届くか届かないか、ギリギリの目標を立てることが「頑張ろう」と思える秘訣です。例えば「事務所ライブ以外で、フリーライブに月10本以上出ます」など。自分の努力しだいで達成できる目標を設定し、それがクリアできたら少しずつ目標のレベルを上げていく、この繰り返しです。

重要なのは、年々目標を上げていくこと。芸歴や実績に応じ、目標は変えていく必要があります。例えば、私がいまだに「たくさん芸人を集めます！」と言っていたら「あほか！」と言われてしまいますよね。芸人も同じで、置かれた立場によって目標を変え、どんどん高みを目指してほしいと思っています。

今の私の目標は、一人でも多くの芸人が「お笑い」で稼げるようになること。具体的には、バイトを辞められるくらい稼げるようになってほしい。

金額で言うと、お笑いだけで月20万円は稼がないといけません。不思議なもので、芸人は月収20万円を超えるとすぐに30万、50万、１００万、２００万……と稼ぎが増えていきます。

最初の壁は、20万円。そのくらい稼げていればある程度の露出があるので、なにかのきっかけで波に乗ることができます。

ＳＭＡお笑い部門ができて19年。平均して、常に約１５０組の芸人がいます。うちは芸人の数が多いのでその分「売れる人も多い」と思われがちですが、実際「売れた」と言える芸人は前述のように３％ほどだと思います。

一緒に泥水をすすり、同じ釜の飯を食った仲間です。そのうちの一人でも多くを売れさせるのが、私の目標です。そのために、芸人にも売れるための「傾向と対策」を考えてほしいと思っています。

バイきんぐが『ＫＯＣ』で優勝したとき、立てていた目標が印象に残っています。このとき、小峠の目標は「優勝」でした。まだ決勝にも行ったことが無いのに、見据えていたのは「優勝」だったのです。

小峠がよく「決勝に行くことを目標にするやつは優勝できない」と言っていたのを覚えています。実際、キャプテン渡辺が「『Ｒ-１』決勝に行きたい」と言ったときは説教をしていました。「お前、それだったら決勝止まりだよ」と。

「賞レース優勝」は、実力の無い芸人が言ってもただの夢物語です。いきなりエベレストに挑戦しても、登頂できないのと同じ。

バイきんぐは着実に山のレベルを上げ、実力をつけ、自信が持てる状態で「『KOC』で優勝する」と目標を立てていました。さすが、小峠は分かっているな、と思います。

芸人と同じ目線で「バカ話」をすることで今を捉える

strategies for success

マツモトクラブ

ハリウッドザコシショウ

アキラ100%

業界歴が長いと、自分ではそんなつもり無くても、やたら重鎮扱いされてしまうことがあります。

私も芸能界で働き始めて、早くも30年。定年退職までは、あと5年です。

一般的な企業であれば、部長や役員クラスの人もいる年代ではないでしょうか。

実際、同年である１９９１年に吉本興業に入った岡本昭彦さんは、代表取締役社長になっています。

私は今も、毎日のようにＢｅａｃｈＶに足を運び、現場に顔を出しています。

業界歴だけ見れば、本社に机を置き、現場には顔を出さず売上だけ管理していれば良いポジションかもしれません。

でも私は、定年までこのまま現場で仕事をし続けたいと思っています。

理由は、芸能界の「今」を捉えながら芸人たちを育てたいから。

芸能界は、とても変化の大きい業界です。日々状況が変わりますし、芸人に求められることも変わります。その変化を捉えるために、現場で生の声を聴くことが大切なのだと考えています。

話しかけにくい「お局様」にならないよう、常日頃気を付けていることとしては、**率先して「アホな話」をすること**。

若い世代の芸人とも同じ感覚でいられるよう、偉ぶったり上から目線になったりせず、同じ視点から彼らの悩みを捉えるようにしています。

例えば、若手芸人のバイト事情に関すること。配達のバイトをしている芸人が多いのですが、彼らは猛暑でもヘルメットを被って仕事をしています。「暑すぎて死んじゃいそうです！」と嘆く彼らに、「スーパーで保冷剤をもらって、ヘルメットの中に入れたら良いんじゃない？」などと言います。

業界歴30年、50歳も超えてバカな話をしているなぁと思われるかもしれませんが、私にとってはこれが大事なのです。

芸人と同じ目線でバカ話をすると、どんどん面白い話が転がってきます。

養成所のことや他事務所のこと、ライブで起きたことなどをリサーチすることで、芸人の「今」に対応できるのです。

情報収集は会話から

strategies for success

ハリウッドザコシショウ

マツモトクラブ

アキラ100%

情報は、高飛車にならなければいくらでも入ってきます。自分の役職や地位にあぐらをかいて「部下が情報を持ってきてくれるだろう」と待っていても、情報は手に入りません。お笑い界は、とても狭い業界です。相手の目線に立って会話をすれば、どんどん生の情報が入ってきます。

私は「会話」から情報収集することが多いです。芸人はフリーライブなどで他事務所の芸人と接することが多いので、バカ話の中から他事務所の状況を仕入れたりします。

例えば、誰が養成所の講師をしているのか、事務所ライブがどんな仕組みで行われているのか、コロナ禍でどんなライブ運営をしているのか……など。足を運んで自分の目で見ることも大切ですが、時間には限りがあります。それならば「会話」が手っ取り早いのです。人は色眼鏡で物事を見てしまう生き物なので、一人ではなく複数名の芸人と会話することも心がけています。そうすることで、偏見の少ないデータが集まるのです。

また、所属芸人だけでなく、面接に来た新人にも話を聞きます。面接とは言っていますが、私にとっては「情報収集」の側面のほうが大きいかもしれません。話を聞くだけでなく、「ほかの事務所に行きたいなら行ってもらって構わない」という前提で、ＳＭＡの内部事情はもちろん、私の持っている他事務所の現状もすべてお話しするようにしています。

情報収集は、会話から。そして、若手とも気兼ねなく会話するために、普段からバカ話をする。それが私なりの情報収集法です。

情報は
ギブアンドテイク

strategies for success

「情報」は、ビジネスをするにあたりとても大切なものです。この情報を、どう活かして芸人を売るか……それは、マネジメント側の責任です。「売れるタレントを作れない＝マネージャーや事務所の責任」だと言えます。

実際は、手柄を独占するためにあえて情報を出さないマネージャーもいます。例えばテレビ局からオーディションの情報が来ても、それを独り占めしてしまうのです。自分の担当しているタレントにだけチャンスを与え、自分の評価に繋げようとする。

本来、この業界はギブアンドテイクの世界です。自分が知らなかった情報を誰かが教えてくれたら、私が仕入れた情報も共有します。今ほど連絡手段が発達していなかった１９９０年代は、そういう文化がありました。情報を独り占めするマネージャーは、業界で孤立してしまったものです。

情報の独占は、同じ社内間でも起こることがあります。本来であれば、「自事務所のタレントがオーディションに受かる＝事務所全体の利益」です。

でも自分の評価しか見えていないマネージャーは、担当タレントだけにオーディションを振ります。

オーディションの趣旨に合わないのに無理やり受けても、落ちてしまうのが関の山。結局、自分の評価にも繋がらず、事務所としても損をしてしまいます。

SMAは、「オーディションに落ちる＝マネージャーの責任」という評価軸を持っています。オーディションには、会社として「趣旨に合っている」と推せる芸人を出す。それにより合格する確率が上がるので、事務所の利益に繋がります。

そのために必要なのは、結局「情報共有」なのです。

うまくいかないときは
すぐに切り替える

strategies for success

ハリウッドザコシショウ
マツモトクラブ
アキラ100%

うまくいかないとき、「すぐに切り替える人」と「うまくいくまで粘る人」がいます。どちらも間違っていないと思いますが、私は「すぐに切り替える」派です。

理由は、私が諦められず粘ってしまうときは「情報収集不足」であることが多いから。きちんと現状を捉えられておらず、うまくいかない理由を精査できていないのです。

正しく情報収集できていれば、「あ、これがダメなんだ」と理由を見付けて切り替えることができるのです。諦めず粘ることも素晴らしいですが、時代に合わせて動けていないと感じます。

芸人の事例を紹介しましょう。

『R-1』の規則が2021年から急に変わりました。名前が『R-1ぐらんぷり』から『R-1グランプリ』に変わり、出場するのに「芸歴10年以下」という制限が加わったのです。

ピンで頑張ってきた多くの芸人にとって、この改訂は寝耳に水。『R-1』に向かって頑張ってきたのに、いきなり目標が失われてしまったのです。

このとき私は、芸歴10年以上のピン芸人を全員呼び出しました。そして「次の戦略を考えてくれ」と言いました。正直、次の戦略を考えられず、いまだに「『R-1』に出られれば……」と縋《すが》り付いている芸人もいます。

一方、すぐに切り替えて動き出したのがマツモトクラブ。『R-1ぐらんぷり』時代に5回決勝に進出した、SMAで最も「『R-1』優勝に近い」芸人です（2021年に6回目の決勝進出を果たしましたが、ラストイヤーの2022年は準決勝で敗れました）。

さぞ『R-1』に対して悔しい想いを抱いていると思いきや、彼はすぐにSMAのピン芸人である、「しゃばぞう」と「もじゃ」を誘い、即席ユニット「マンプクトリオ」を結成。

ユニット参加がOKになった2021年の『KOC』に出場し、見事準決勝まで駒を進めました。

どこまでやって切り替えるのかは状況によると思いますが、自ら変化をつくり、切り替えていくほうが成功に近付けると私は思っています。

『R-1』で優勝するという分かりやすい目標を失っても、マツモトクラブは切り替えて次の手を打ちました。

トリオを組んで得るものもあったと思いますし、このように切り替えて次の目標を見据えていくことが大切だと感じた事例です。

おわりに

私は1991年から社会人となり、縁あってお笑い芸人のマネージャーとしてキャリアをスタートしました。そして、夢や希望を胸に秘めた成功を志す多くの若者たちと出会ってきました。

けれど、やはり本当の成功を手にした者たちはほんの一握りです。たくさんの芸人たちが、家庭の事情、目の前の生活、パートナーとの関係などのために夢半ばで廃業していきました。芸人とマネージャーとして立場は違えど、芸能界の厳しさ、成功の難しさに、私は彼らと共にぶつかってきました。

もし彼らが芸人人生を途中で降りることがあっても、彼ら自身の人生は続きます。事務所で私は礼儀作法、マナーなどを常によくよく注意してきました。時には彼らにとってうるさい、目障りな存在だったと思います。しかし、彼ら自身の人生のために、この事務所は社会人としての基本を学ぶ場所でもあらねばならないのです。

自分を疑えば失敗する芸能界。芸人でなくなり、第2の人生が始まった後は、それまでに経験しなかった不条理なことが多々あります。就職できたとしても学歴や年功序列など受け入れがたいことがたくさんあり、心が壊れそうになることもあるでしょう。けれど彼らには、芸人生活の中で得た明るさ、楽しさ、礼儀、コミュニケーションの取り方、そして何より、自分の腕一本で生き抜くことの厳しさと、泥の中を這いずり回ったという経験があります。それがあれば、社会人としても立派に生き抜くことができると思います。

彼らは私のように有名な会社、企業名で人生を戦ったのではなく、自身の名前、実力で戦ってきました。彼らは、自らの名前が勲章であり、実力が名刺であったのです。それは誇りに思うべきことです。少なくとも、私は彼らを誇りに思います。

私自身も彼らに多くのことを教わりました。多くの芸人と会い、それぞれの悩みや目標や戦略を聞いてきましたが、それはそのまま、私の人生を進むための方法論となっています。夢を追いかける何百人という人間の人生と、私の人生が交差しました。本当に素敵な経験でした。この経験を活かして、もしかしたらカウンセラーの世界でも通用するのではと勘違いしそうになることもあります。それは冗談としても、私が30年間様々な芸人たちと出会い、その夢を共有できたことは彼らからの最高の贈り物となっています。

たまたまマネージャーという職業についたおかげでこのような素晴らしい経験をさせていただいている身ですが、一つだけ自分を褒めるなら、たとえ今は実力が足りず、一見才能なく見える者たちにも、チャンスと舞台を用意し続けたところです。第一印象や短いスパンの中で芸人としての評価や判断を下すことなく、誰に対しても出会えた縁を大切にして向き合い続けた結果、たくさんの芸人たちを売れっ子の世界へ送り出すことができました。

これからも縁を大切にし、夢を追う芸人のタマゴたちが広い世界へと羽ばたいていけるよう、努力は惜しみません。良い部分を見つけ、良い部分を伸ばす。そんな事務所であれるよう、まだ世に出ぬ芸人たちと共に、私も夢を見続けようと思います。

ただ一度の人生、出会いに感謝!!!

平井精一

SMAお笑い部門の歴史

2004年	プロジェクト提案→SMA NEET PROJECT発足
2005年	第1回SMAトライアウトライブ、コウメ太夫『エンタの神様』出演
2006年	ヒライケンジ（現：合格クン／フリー）『エンタの神様』出演　※村田渚逝去
2007年	たいがー・りー『エンタの神様』出演、第1回SMAイディオットライブ、劇場「Beach V」運営開始、ウメ（現：ラフィーネプロモーション）『R-1ぐらんぷり』決勝進出
2008年	Jaaたけや『エンタの神様』出演、響（現：ビクターミュージックアーツ）『爆笑レッドカーペット』出演
2010年	AMEMIYA『爆笑！　あらびきカーペット』出演
2011年	AMEMIYA『ガキの使い　山-1グランプリ』出演、キャプテン渡辺『R-1ぐらんぷり』決勝進出、AMEMIYA『R-1ぐらんぷり』準優勝
2012年	バイきんぐ『キングオブコント』優勝
2013年	MORIYAMA、ギフト☆矢野『おもしろ荘』出演
2014年	湘南デストラーデ（解散）『THE MANZAI』認定漫才師、おぐ（ロビンフット）『R-1ぐらんぷり』決勝進出

2015年

アキラ100%『ガキの使い　山-1グランプリ』出演、マツモトクラブ『R-1ぐらんぷり』準優勝、湘南デストラーデ（解散）『漫才新人大賞』大賞、ギフト☆矢野『お笑いハーベスト大賞』優勝

2016年

ハリウッドザコシショウ『R-1ぐらんぷり』優勝、だーりんず『キングオブコント』8位、マツモトクラブ『R-1ぐらんぷり』決勝進出

2017年

アキラ100%『R-1ぐらんぷり』優勝、マツモトクラブ『R-1ぐらんぷり』決勝進出

2018年

おぐ（ロビンフット）『R-1ぐらんぷり』3位、ロビンフット『キングオブコント』5位、だーりんず『キングオブコント』8位、マツモトクラブ『R-1ぐらんぷり』決勝進出

2019年

松本りんす（だーりんず）『R-1ぐらんぷり』3位、マツモトクラブ『R-1ぐらんぷり』決勝進出

2020年

SAKURAI『R-1ぐらんぷり』決勝進出、錦鯉『M-1グランプリ』4位

2021年

野田ちゃん、やす子『おもしろ荘』出演、錦鯉『M-1グランプリ』優勝、マツモトクラブ『R-1ぐらんぷり』決勝進出

2022年

あっぱれ婦人会『おもしろ荘』出演、や団『キングオブコント』3位

SMA芸人　賞レースの成績（決勝進出者）

M-1グランプリ	
2020年	錦鯉——4位
2021年	**錦鯉——優勝**

キングオブコント	
2012年	**バイきんぐ——優勝**
2016年	だーりんず——8位
2018年	ロビンフット——5位 だーりんず——8位
2022年	や団——3位

R-1グランプリ	
2007年	ウメ（現：ラフィーネプロモーション）——決勝進出

2011年	AMEMIYA——準優勝 キャプテン渡辺——決勝進出
2014年	おぐ（ロビンフット）——決勝進出
2015年	マツモトクラブ——準優勝
2016年	**ハリウッドザコシショウ——優勝** マツモトクラブ——決勝進出
2017年	**アキラ100%——優勝** マツモトクラブ——決勝進出
2018年	おぐ（ロビンフット）——3位 マツモトクラブ——決勝進出
2019年	松本りんす（だーりんず）——3位 マツモトクラブ——決勝進出
2020年	SAKURAI——決勝進出
2021年	マツモトクラブ——決勝進出

取材協力　＊五十音順

植田マコト（はぐれ超人）

くらっちゃん（がっつきたいか）

SAKURAI

Jaaたけや

ジャック豆山

しゃばぞう

ダンボール松本（ギンギラギンのギン）

野田ちゃん

ホットパンツしおり

本間キッド（や団）

マツモトクラブ

協力：株式会社ワタナベエンターテインメント
株式会社ソニー・ミュージックアーティスツ

取材・制作協力：山下サトシ（SMA構成作家）
泉ヨシキ（ブンブンブン）

編集協力：堀越愛

平井精一（ひらい・せいいち）

1968年千葉県生まれ。

1991年日本大学商学部卒業。地方銀行から内定を頂いたが、友人の誘いで芸能プロダクションの面接を受けることに。渡辺プロダクション（現：ワタナベエンターテインメント）内定、そしてプロモーション企画部へと配属され、マネージメントとしてのキャリアがスタート。1992年よりホンジャマカを担当し、その後、1998年の退社までふかわりょう、TIM、ビビる、なすびなどの数々の若手芸人を育成する。

1998年12月SMA（ソニー・ミュージックアーティスツ）入社。SMA入社後は宣伝業務に携わりながら、同社内の新規事業として「お笑い部門」の創設を提案し、2004年12月「お笑いプロジェクトNEET PROJECT」旗揚げ。翌年2005年4月「第1回SMAトライアウトライブ」を開催。2005年10月に小梅太夫が「NTVエンタの神様」のレギュラー獲得を機に、ヒライケンジ、たいがー・りーと1年ごとに売れっ子エンタ芸人を輩出。2007年にはSMA専用劇場「千川Beach V（びーちぶ）」を立ち上げ、さらに若手芸人の育成に尽力する。

「キングオブコント2012」（バイきんぐ）、「R-1ぐらんぷり2016」（ハリウッドザコシショウ）、「R-1ぐらんぷり2017」（アキラ100%）、「M-1グランプリ2021」（錦鯉）で優勝し、お笑い三大賞レース三冠を獲得。お笑い三大賞レース三冠を吉本興業の次に達成した事務所となる。


「芸人の墓場」と言われた事務所から「お笑い三冠王者」を生んだ弱者の戦略

2023年2月28日　初版第1刷発行

著　者 —— 平井精一

発行者 —— 張 士洛
発行所 —— 日本能率協会マネジメントセンター
〒103-6009 東京都中央区日本橋2-7-1　東京日本橋タワー
TEL 03（6362）4339（編集）／03（6362）4558（販売）
FAX 03（3272）8128（編集）／03（3272）8127（販売）
https://www.jmam.co.jp/

装　　丁 —— 萩原弦一郎（256）
本文デザイン・DTP —— 有限会社北路社
印　刷　所 —— 三松堂株式会社
製　本　所 —— 三松堂株式会社

ISBN978-4-8005-9064-0　C2034
落丁・乱丁はおとりかえします
PRINTED IN JAPAN